孔氏家儀

〔清〕孔繼汾 編撰

齊魯書社
·濟南·

圖書在版編目（CIP）數據

孔氏家儀 / (清) 孔繼汾編撰. -- 濟南 : 齊魯書社, 2024. 9. -- (《儒典》精粹). -- ISBN 978-7-5333-4940-0

Ⅰ. B222.05

中國國家版本館CIP數據核字第2024BN6839號

責任編輯　張　超　劉　晨
裝幀設計　亓旭欣

孔氏家儀

KONGSHI JIAYI

〔清〕孔繼汾　編撰

主管單位	山東出版傳媒股份有限公司
出版發行	齊魯書社
社　　址	濟南市市中區舜耕路517號
郵　　編	250003
網　　址	www.qlss.com.cn
電子郵箱	qilupress@126.com
營銷中心	（0531）82098521　82098519　82098517
印　　刷	山東臨沂新華印刷物流集團有限責任公司
開　　本	880mm × 1230mm　1/32
印　　張	7.75
插　　頁	2
版　　次	2024年9月第1版
印　　次	2024年9月第1次印刷
標準書號	ISBN 978-7-5333-4940-0
定　　價	68.00圓

《〈儒典〉精粹》出版説明

《儒典》是對儒家經典的一次精選和萃編，集合了儒學著作的優良版本，展示了儒學發展的歷史脉絡。其中，《義理典》《志傳典》共收録六十九種元典，由齊魯書社出版。鑒於《儒典》采用套書和綫裝的形式，部頭大，價格高，不便於購買和日常使用，我們決定以《〈儒典〉精粹》爲叢書名，推出系列精裝單行本。

叢書約請古典文獻學領域的專家學者精選書目，并爲每種書撰寫解題，介紹作者生平、内容、版本流傳等情况，文簡義豐。叢書共三十三種，主要包括儒學研究的代表性專著和儒學人物的師承傳記兩大類。版本珍稀，不乏宋元善本。對於版心偏大者，適度縮小。爲便於檢索，另編排目録。不足之處，敬請讀者朋友批評指正。

齊魯書社

二〇二四年八月

《〈儒典〉精粹》書目（三十三種三十四册）

孔氏家語	荀子集解	孔叢子
春秋繁露	春秋繁露義證	鹽鐵論
新序	揚子法言	白虎通德論
潛夫論	中説	太極圖説　通書
龜山先生語録	張子語録	傳習録
張子正蒙注	先聖大訓	近思録
四存編	孔氏家儀	帝範
帝學	温公家範	文公家禮
聖門禮樂誌	東家雜記	孔氏祖庭廣記
伊洛淵源録	伊洛淵源續録	國朝漢學師承記
國朝宋學淵源記	孔子編年	孟子年表

解題

孔氏家儀十四卷家儀答問四卷㓫儀糾謬集三卷，清孔繼汾編撰，清乾隆曲阜孔氏刻本

孔繼汾字止堂，曲阜人，孔子六十九代孫。乾隆丁卯（十二年，一七四七）舉人，十五年（一七五〇）由内閣中書入直，官至户部主事。

是書匯集曲阜孔氏家族吉禮、凶禮、嘉禮之具體儀節，而言凶禮者特詳。卷前有錢唐江衡序。十四卷目次爲：卷一至三吉禮，卷四至十凶禮，卷十一至十三嘉禮，卷十四自序。江衡序云：『自漢至我朝，諸儒輩出，則有《家誡》《家訓》《家儀》《家範》諸書，皆修明先師之教者也。而朱子《家禮》，尤爲圭臬，遥鄉僻壤，悉寶是書。然爲村學究所改竄，往往遺誤後人。闕里孔止堂憂之，檢尋家牘，覈諸禮經，驗所已行不悖先師之教者，條舉而件繫之，名曰《孔氏家禮》。予以頑鈍陋質，歲在壬午，獲登詩禮之堂，因讀是書，而知止堂之無負也。……著有《闕里文獻考》若干卷，進呈御覽。復輯家禮，達於冠婚喪祭，使四方

講禮者，得有所折衷焉，有爲之説者日著，誠去僞禮之經也。是「儀」也，不可謂「禮」。止堂亦謙不自信，輒更名其書曰《孔氏家儀》。是其撰述之旨。此書撰畢後，孔氏又著《家儀答問》四卷，闡發《孔氏家儀》義猶未盡之處。其卷一爲總序一章、答吉禮十五章；卷二、卷三爲答凶禮，共三十三章；卷四爲答嘉禮，共十二章。《家儀答問》目録下葉題『乾隆丙戌季夏男廣林、廣森敬録』。

是書所述因增減《大清會典》服制，於乾隆年間遭查禁，孔府檔案記之甚詳。

張 彧

目録

儀禮十七篇言士禮者十之九誠以禮者士所持也率履不越遂
視旣發詩言之矣先師嘗曰以禮爲坊萬世胥賴之雖百異世不
相襲禮然止邪於未形使人從善而不自知者孰非履而泰之效
歟禮時爲大順次之體次之宜次之稱次之今孔氏之有家禮也
遵
王之制順人之情體其輕重因事協宜而稱其分守焉固非一身一
家之所得私者自漢至我
朝諸儒輩出則有家誡家訓家儀家範諸書皆修明先師之教者也
而朱子家禮尤爲圭臬遥鄉僻壤悉寶是書然爲村學究所改竄
往往遺誤後人闕里孔止堂憂之檢尋家牘覈諸禮經驗所已行
不悖先師之教者條舉而件繫之名曰孔氏家禮予以頑鈍陋質
歲在壬午獲登詩禮之堂因讀是書而知止堂之無負也止堂爲

六十八世襲封衍聖公振路先生第十子居家奉母好學博通著有闕里文獻考若干卷進呈

御覽復輯家禮達於冠婚喪祭使四方講禮者得有所折衷焉有爲之說者曰著誠去僞禮之經也是儀也不可謂禮止堂亦謙不自信輒更名其書曰孔氏家儀予曰否不然今夫民之質也日用飲食有可知而可由者有可由而未必盡知者君臣之義父子之親夫婦之順長幼之序此可知而可由者也升降之等隆殺之宜揖節退讓有本有文此可由而未必盡知者也無本不立無文不行誠奉是書率而循之如瞽之有相水之有防其所謂釋回增美質者將於是乎在矣若自參私意緣飾禮文或習故安常憚於改作其失均也烏有所謂著誠去僞者哉今止堂之心方欲率族之人一軌於禮直聲正辭不避嫌諱上以明

聖朝之典前以傳先師之緒後以息聚訟之紛其誠也若此則士之所持以立幹者正無庸他求焉予故樂觀其成而爲之序乾隆三十年正月錢唐江衡撰

孔氏家儀目錄

勅授承德郎原任戸部廣西清吏司主事孔子六十九代孫繼汾編次

孔氏家儀目錄終

孔氏家儀卷一

吉禮一

廟祭

孔氏大宗家廟祀始祖考妣二代祖考妣三代祖考妣四十三代祖考妣神主者在崇聖祠後其門宇規制及時享特告諸儀並具闕里文獻考近祖之廟在公府中門外東偏曰報本堂五間中室奉五十四代祖考妣神主左一室奉宗子之高祖考妣神主右一室奉宗子之曾祖考妣神主又左一室奉宗子之祖考妣神主又右一室奉宗子之考妣神主皆南向後有祧廟三間奉藏五十五代以下凡毀廟祖考妣神主皆南向六十五代公之本生祖考妣及考妣神主在東夾室亦南向其西夾室奉藏歷代考妣畫像凡譜牒祭器庋焉此孔氏大宗之家廟也六十戶小宗六十戶戶名載嘉禮三派系詳見闕

里文獻考各立小宗之廟小宗之支子孫又各自以始分支之祖別於其家立廟奉之（古者諸侯五廟大夫三廟適士二廟官師一廟庶人無廟無廟者祭於寢諸侯世爵乃世其廟大夫不世官無官則廟亦隨毀唐宋而下廟制不修士大夫率皆祭其先人於寢前明以來下逮庶人有得祀三代之制吾家大宗世爵廟制準古以五小宗不世官但以別子爲祖祖禰之主皆祔於其廟焉）春秋之分宗子舉時祭致齊三日祭前一日宗子公服（今制以朝服蟒袍爲禮服止著補服爲公服又曰吉服以深青外服爲常服元青外服爲素服）率衆子姓（服色並視宗子）及執事者詣家廟視滌溉祭日報本堂諸案陳湯飯果殽數各以五羊一俎在左豕一俎在右每主供爵一預實酒奠主前每案別以爵一預實酒奠几前祝案一在戶內西南向福胙案一在戶內東北向酒尊一在戶外東勺北柄加冪案西向饌五盤其案在戶外西東向北上洗在東階下直東榮罍水在其北勺北柄案西向爵十五列罍前北上宗子拜位在中階下衆子姓拜位夾中階少退昭位在東西上穆位在西東上守祠者一人立戶內左西面祝一人立祝案右東面司尊者一人立尊案後

司香者五人次之並西面北上司饌者五人立饌案後東面北上司罍洗者各一人立罍洗後司爵者五人在其北並西面北上司燎者一人立燎位南（吉凶之禮燎鑪並在庭西南隅惟大宗家廟舊在東南隅今改設於西南隅東向）北面鳴贊一人立東階上西面引贊一人在宗子右面左對引一人在宗子左面右（分獻者有引贊無對引）司鐘鼓各一人在廟門內鼓在東鐘在西相向質明鼓三嚴宗子具禮服詣家廟行禮執事者各司其事衆子姓皆就位宗子就位執事者瘞毛血迎神宗子詣盥洗所東面盥手司洗者北面進巾宗子帨手訖升堂司香者奉香由中戶序入各詣案左北面立宗子由東旁戶入詣五十四代祖考妣神位前跪衆皆跪守祠者啓櫝出主退先詣次位前俟司香者西面跪進香宗子焚香司香者興退復位宗子舉爵酹酒奠爵（凡酹酒取几上預奠之爵祭其半復奠爵於几）俯伏興衆皆俯伏興宗子次詣高曾祖考神位前各啓櫝出主焚香酹酒

如上儀復位凡復位行至戸東北面鞠躬乃出降階古禮主人升降自東階今升自東階降自西階若有祔主則以其子司分獻分獻者俟宗子將復位盥洗升堂詣位前啓櫝出主焚香酹酒亦如上儀以下三獻亦如之司饌者設饌訖參神宗子以下鞠躬四拜興行

初獻禮宗子詣盥洗所司罍者西面沃爵司爵者五人各取爵立洗北南面宗子東面洗爵司洗者北面進巾宗子拭爵凡五訖升階詣酒尊所司尊者舉冪酌酒司爵者捧爵由中戸序入各詣案左北面立宗子由東旁戸入詣五十四代祖考妣神位前跪衆皆跪司爵者西面跪進爵宗子受爵拱獻復授司爵者司爵者受興恭奠案上正中退復位宗子俯伏興衆皆俯伏興宗子次詣高曾祖考神位前各獻爵如上儀詣讀祝位跪衆皆跪祝北面跪宗子右讀祝文曰維年月朔越幾日甲子孝孫某敢祭於顯五十四代祖考妣顯高祖考妣顯曾祖考妣顯祖考妣顯考妣神位前曰茲惟仲春秋敢以柔毛剛鬣嘉薦普淳用薦歲事有祔主則增曰以某親某甫或某氏祔尚饗讀

畢奉祝文恭安正位案上東北面俯伏興退復位宗子俯伏興眾皆俯伏興宗子復位行亞獻禮如初獻不讀祝行終獻禮如亞獻（凡獻爵亞獻執事者西面跪進爵奠於左終獻執事者東面跪進爵奠於右）三獻畢飲福受胙宗子升堂詣福胙位跪眾皆跪祝以福爵西面跪授宗子宗子受飲祝興執事者受爵興反於坫祝復取盤承胙左臂西面跪授宗子宗子受祝興宗子以授執事者執事者跪受奉出（俟祭畢歸於宗子）宗子俯伏興眾皆俯伏興宗子復位率眾鞠躬四拜興司饌者徹饌出送神宗子以下鞠躬四拜興祝恭奉祝文詣燎所宗子望燎訖升堂詣五十四代祖考妣神位前跪眾皆跪守祠者奉主入櫝宗子俯伏興眾皆俯伏興宗子次詣高曾祖考神位前各藏主如上儀復位禮畢鳴鐘宗子以下各退歲暮祫祭如上儀祧廟有祫祭無時祭儀亦如之凡元旦上元端陽中秋重陽冬至及每月朔望守祠者陳酒脯於各神位

前恭啓櫝出主宗子夙興具公服元旦冬至用禮服詣各神位前跪焚香酹酒俯伏興再拜興退眾子姓各夙興拜於各神位前祧廟亦如之凡他出及遠歸必造焉有舉必告焉支庶有告則告於宗子宗子爲之代告陳香酒果脯如朔望設盥洗如時享宗子公服就位眾子姓皆就位宗子詣盥洗所盥手升堂詣五十四代祖考妣神位前跪眾皆跪守祠者啓櫝出主司香者跪進香宗子焚香酹酒俯伏興眾皆俯伏興宗子次詣高曾祖考神位前啓櫝出主焚香酹酒如上儀詣讀祝位跪眾皆跪祝跪讀告文訖奉安正位案上俯伏興退宗子俯伏興眾皆俯伏興宗子復位率眾鞠躬四拜興祝恭奉告文詣燎所焚訖宗子升堂詣五十四代祖考妣神位前跪眾皆跪守祠者奉主入櫝宗子俯伏興眾皆俯伏興宗子次詣高曾祖考神位前各藏主如上儀復位禮畢凡祭日遇

國忌家忌皆改卜宗子當祭時值入覲於

朝則止歸亦弗補凡有三年之喪者廢祭齊衰之喪期五月三月同終葬而祭功緦踰月而祭禮居喪廢祭故有緦不祭之文程子曰古人居喪百事皆廢今人居喪與古人異百事如常特於祭祀廢之則不若無廢爲愈張子曰方喪之初雖功緦如何可祭久而哀衰則便可祭期之喪既葬便可祭功緦之喪踰月可祭朱子曰奠獻之禮亦行不得薦新告朔吉凶相襲未葬不可行既葬則使輕服或已除者代行可也四時之祭既葬亦不可行與祭者亦如之凡終喪而祭已踰期者弗補祭凡常薦謂元旦上元以下及朔望有三年之喪既卒哭吉冠素服從事服布若麻不以紈縠未卒哭則已若有當告則使輕服之子弟或服已除者代行禮齊衰之喪亦如之主婦之儀凡時祭告祭朔望誕辰忌辰皆率衆婦詣祠堂行禮古禮主婦亞獻今祭時婦人不與祭畢乃特行禮此宗子家廟之儀注也支庶之廟皆準此儀惟祭止及三世

述曰記有之禮有五經莫重於祭祭者所以追養繼孝也非有忠敬誠信之心莫之舉也故將祭必三日齊七日戒齊之日思其居

處思其笑語思其志意思其所樂思其所嗜齊三日乃見其所爲齊者祭之日其立之也敬以詘其進之也敬以愉其薦之也敬以欲退而立如將受命已徹而退敬齊之色不絕於面孝子之祭也立而不詘固也進而不愉疏也薦而不欲不愛也退立而不如受命敖也已徹而退無敬齊之色而忘本也如是而祭失之矣

孔氏家儀卷一終

孔氏家儀卷二

吉禮二

祔

祔考於廟若其考為家嫡三年之喪畢卒哭即可祔祭審廟遷主之禮則必應行於喪畢也先改題廟中皋主祧其遠主遞遷其近主乃舉祔祭皆擇日行事用柔日宗子家廟改主告遷之日夙興陳酒脯如告祭主人具禮服率眾子姓以下諸儀眾子姓服色視宗子詣祠堂執事者各司其事主人以下皆就位主人詣盥洗所盥手訖升堂詣五十四代祖考妣神位前跪眾皆跪守祠者啓櫝出主司香者跪進香主人焚香司香者興退主人酹酒俯伏興眾皆俯伏興主人以次詣五世祖以下各神位前啓櫝出主焚香酹酒如上儀詣讀祝位跪眾皆跪祝北面跪主人左讀告文曰

維年月日孝孫某敢昭告於顯五十四代祖考妣顯五世祖考妣

顯高祖考妣顯曾祖考妣顯祖考妣神位前曰蒸嘗之事今傳次在孝孫某仰惟宗祏禮合改題不勝感愴謹告讀畢恭奉安正案上東北面俯伏興退主人俯伏興眾皆俯伏興主人復位及眾皆鞠躬四拜興祝恭奉告文詣燎所焚訖主人升堂視執事者設題主案於戶內東西向題主者擇子弟善書者詣各神位前鞠躬拜興退案東西面立執事者以次奉主就案洗拭題主者改題旁改題今奉祀者名曰孝孫某奉祀畢執事者返主於座題主者復詣各神位前鞠躬拜興退執事者徹案凡爲祖考有加贈而改題主者亦如此儀改畢而祭如時享主人復就位眾子姓皆就位主人詣盥洗所盥手訖升堂詣五世祖考妣神位前跪眾皆跪主人焚香酹酒祝跪讀告文曰仰惟我祖廟次應祧心雖無窮禮不敢越今當藏主不勝感愴謹告讀畢恭奉安案上俯伏興退主人俯伏興眾皆俯伏興主人復位及眾皆鞠躬四拜興焚告文訖主人升堂詣神

位前跪執事者進請主主人俯伏興送主入祧廟至座前主人跪執事者藏主訖主人俯伏興退復詣報本堂行告遷禮主人就位衆子姓皆就位主人詣盥洗所盥手訖升堂詣五十四代祖考妣神位前跪衆皆跪主人焚香酹酒俯伏興衆皆俯伏興主人以次詣高祖以下各神位前焚香酹酒如上儀詣讀祝位跪衆皆跪祝跪讀告文曰遠廟既祧仰惟歷世之主合依次遞遷不勝感愴謹告讀畢恭奉安正位案上俯伏興退主人俯伏興衆皆俯伏興主人復詣高祖考妣神位前跪執事者進請主主人俯伏興送至左第一室主人跪安主訖俯伏興以次遷曾祖考妣神主安右第一室祖考妣神主安左第二室並如上儀主人復位及衆皆鞠躬四拜興焚告文訖主人升堂詣五十四代祖考妣神位前跪衆皆跪守祠者奉主入櫝主人俯伏興衆皆俯伏興次詣各神位前藏主

如上儀主人復位禮畢主婦以下詣各神位前及祧主前各拜興退祔祭之日陳所祔之祖神座於廳事正中南向新祔者神座於東序西向座前皆設香案供案設湯飯果脯皆以五各陳二俎於香案左右正位北首祔位東首祝案二各於神座右正位南向祔位西向饌案一於戶外西東向設饌二（用燕食）炙肝二炙肉二炙魚二皆佐以羹餈二並北上他尊爵罍洗之位並如祠堂燎位在庭西南隅東向設主人拜位於中階設子姓拜位於東階西上賓拜位於西階東上執事者贊者各如在祠堂之位祠堂內陳尊俎罍洗亦如時享主人夙興具吉服（卒哭祔者用素服主附於其祖之室仍俟喪畢遷廟主也）盥手詣神位前跪執事者啓櫝出主主人焚香酹酒俯伏興鞠躬四拜跪執事者進請主主人俯伏興隨出恭安於廳事東案上主人東面跪俟安主訖俯伏興遂詣祠堂請曾祖考妣神主恭安於廳事正案上如上

儀訖主婦以下詣位前各拜興退賓來拜主人位東階西面陪拜北上賓拜訖主人拜賓賓出俟於客次日中而祭（廟祭皆以質明此用日中者時賓乃畢至也俗有日昳而祭者亦賓之爲也按三代之禮夏后氏大事用昏殷人用日中周人用日出蓋君子舉事必用辰之正逮昳而祭非禮也夫賓不以時集致主人用非禮以祭其先人抑亦過矣喪祭及加奠亦然）陳祭品畢執事者各司其事主人就位衆賓衆子姓皆就位執事者瘞毛血迎神主人詣盥洗所盥手訖升堂詣曾祖考妣神位前跪衆皆跪主人焚香酹酒俯伏興衆皆俯伏興主人詣考神位前焚香酹酒如上儀復位司饌者設饌訖參神主人及衆皆鞠躬四拜興行初獻禮主人詣盥洗所洗爵凡二訖升階詣酒尊所司尊者舉冪酌酒詣曾祖考妣神位前跪皆跪司爵者跪進爵主人受爵拱舉復授司爵者司爵者受興奠於案退祝北面跪讀祝文（稱孝孫）曰今日令辰躋祔某府君謹以柔毛剛鬣嘉薦普淖明齊溲酒薦此祔事尚饗讀畢奉祝文恭安案上東北面俯伏興退主人俯

伏興衆皆俯伏興主人詣考神位前獻爵讀祝如上儀祝文曰稱孝子今奉神主適於曾祖考某府君謹以柔毛剛鬣嘉薦普淖明齊溲酒薦此祔事尚饗祝在主人左東面跪讀畢恭安案上東南面俯伏興退獻畢主人復位行亞獻禮如初獻行終獻禮如亞獻三獻畢主人及衆皆退位侑食贊者引侑食者二人衆子姓充之或二人亦可各至神位前跪獻炙肝一在左羹一在右俯伏興退再侑獻炙肉奠肝左其羹奠初侑之右三侑獻炙魚奠肉左其羹奠再侑之右儀皆如初按今侑食之品乃古人從獻之品也禮尸三飯告飽祝侑食大夫之禮祝既侑食主人復拜侑均在三獻之前及酳尸主人初獻炙肝從主婦亞獻賓長終獻各以燔肉從士虞記無尸無從獻從獻且無況侑食乎今祭不立尸本不須侑食亦不必有從獻顧取從獻之肝燔別爲一事以當侑食揆之於禮似覺無當且惟虞祔諸祭爲然時祭否則又何也侑食畢執事者點茶古者凡祭必主婦饋食家禮儀節猶存古意云主婦點茶今則悉假手於執事者闔戶如無戶則下簾按闔戶者求神於幽之義古者祭畢徹俎改設於屋漏乃闔戶侑食已闔戶庶幾近之舊多闔戶乃侑食非也少頃祝戶外北面噫歆祝欬聲三告神啟戶也啓戶祝階下東面告利成利者養也告主人養道成也時主人在庭中東南隅北面立主人及衆皆復位司饌者徹饌出送神主人及衆皆鞠躬四拜興祝恭

奉祝文詣燎位主人望燎畢復位升堂詣正位前跪執事者進請主主人俯伏興祔位亦如之曾祖考妣神主在前考神主在後主人恭送入祠堂還曾祖考妣神主於原位納考神主於最西一室

凡昭廾穆主初祔皆納右室易世乃迭遷而左此孔氏家廟之舊式也蓋古者諸侯五廟大夫三廟皆同宮異廟故昭常爲昭穆常爲穆自後世變爲同堂此禮之不行也久矣乾隆十年夏六月今宗子將祔考於廟客有爲常昭常穆之説者時宗子幼姪廣柞其季父也相禮因質於余余曰今古異宜當一如舊式遷汝曾祖及父之主於左遷汝祖之主於右而祔汝兄之主於最西一室言未既客詰余曰古者昭常爲昭穆常爲穆雖百世不可改也如子之説其如昭穆之序何余曰此古者同宮異廟之禮非後世同堂異室之禮也考古廟制外爲都宮太祖居中昭穆以次分列左右廟皆南向主則東向及其祫祭於太祖之廟則惟太祖仍東向羣昭之主皆列於北墉下南向羣穆之主皆列於南牖下北向三代之制固如是蓋惟主各異廟昭不見穆穆不見昭然後祔必以班昭常爲昭穆常爲穆內既有以各全其尊外始可以不失其序自漢明帝變亂古禮創爲同堂異室之制魏晉因之遂不能革近世諸侯無國大夫無邑井異室之制亦有不能備者此昭穆之所由紊也若欲强復古典勢必有以子躋父之嫌常昭常穆可也以子躋父則不可也況昭之爲言昭也穆之爲言深遠也此以祫祭時南向北向之位而言之也今太祖既不循東向之位是所謂昭穆者已乖南北之義矣徒執古禮之虛名而亂位次之定序恐言禮者所不敢出也客曰子不聞朱子議祫祭之説乎朱子曰設高祖有時而在穆則高之上無昭而特設位於祖之西禰之下無穆而特設位於曾之東則無僭越之嫌而不失昭穆之序毋乃不謬於禮與余曰勢不能也祫祭者一時之事主可暫移位或可以特設若宗廟所以安神靈也屋楹既不可以妄增位吏於何地特設且客既知有特設位之禮是已明同堂之不可以子躋父余向者之言益非無據矣客曰然則異室不猶夫異廟乎余曰異室者不同祏實同堂也夫主之有祏也猶人之有席也

今有子席於上父席於下者而曰我與父異席勿僭父也可乎孝子事死如事生事亡如事存生者存者不敢僭父之席死者亡者寧敢僭父之祏乎客曰此常人之情也言禮者不可以言情余曰苟非情則禮果何自起邪記曰禮者因人之情而爲民防者也又曰禮也者順乎鬼神合乎人心蓋惟緣情制禮故可以經日用可以和邦國可以治萬世若舍情而言禮又烏見人心之能合而鬼神之能順邪客曰子不能建論返古而徒執非禮之禮以輔爾宗子抑何其鶩於俗而辯於口也余曰客之罪我誠是也然今之非禮不在昭穆而在同堂蓋同堂則必不可以序昭穆序昭穆則必不可以同堂而今日之事欲不同堂又不能也然則常昭常穆者禮之經而昭穆互遷者乃事之權也經之不可執而特出於權是則余之苦心也夫客乃無以應而廟序互遷如故茲因敘次祔禮譜書之於篇以質大下之言禮者

主人先詣曾祖考妣神位前跪執事者奉主入櫝主人俯伏興次詣考神位前藏主如上儀主人退執事者陳祭品畢遂祫祭如常儀儀見吉禮一　古因祫而遷主今則因遷主而祫矣又按禮無重祭重祭則瀆故復胙肜繹皆於明日也今既祔遂祫雖祔專而祫廣爲祭不同然自其曾若禰言之則重祭矣似當別擇日或間一日爲安　祝文曰茲以某府君祔廟禮成謹以柔毛剛鬣嘉薦普淖明齊溲酒薦此祫事尚饗祭畢賓退主人出拜賓於容次主婦以下詣神位前各拜興退凡祔考若子則於其祖考妣祔妣若妻若婦則於其祖姑士喪禮云以其班祔雜記云男子祔於王父則配女子祔於王母則不配喪服小記云婦祔於祖姑祖姑有三人則祔於親者祔妣者遷主配於考之室祔妻若子若婦遷主旁列於其所

祔者之室並舉祫祭祝文曰茲以某親某甫或某氏祔廟禮成云云末云以某親某甫或某氏祔尚饗宗子承祭新祔主前則以其子分獻此指宗子祔其家子家婦也支子謂宗子之衆子若兄弟及兄弟之子若伯叔及從兄弟尚與宗子同居未自立廟者祔於祖廟各以其班若其所應祔之祖已祧如宗子之伯叔祖父應祔於其王父母其王父母於宗子爲五世祖則已祧矣則祔於五十四代公之室既祔不祫其祔也奉所祔之祖之主及獻皆宗子主之奉新祔者之主及獻則其子分司其事拜位次於宗子他並如上儀凡支子既自立廟遂不舉祔祭之禮按禮有異事而同稱者若祔是已夫祔之爲言附也奉亡者之主薦嘗列祀於祖廟有依附之義焉喪祭既畢吉祭肇興奉亡者之主漸與神接有附合之義焉故祔祭與還主於廟皆以祔名而古者祔祭已實仍復主於寢俟練而後遷主於廟本截然兩事不可混者唐開元禮不察其義謂既祔不復返主若舉於卒哭爲期太迫人子之心有所未安於是遂爲禫而後祔之制後人莫之能改雖司馬子朱子皆經訂正而卒未有循行者也今俗并視祔祭一事若新主未便驟然入廟必俟舊主相率而入然者不知此祭舉於客堂乃後世無專廟者遷就之舉在古人原即行於祖廟中者也自世俗相沿襲爲故事於是別子之自立廟者并不復用此祭矣竊謂初以神道事親俾祖孫合食所以聯氣脈而率親親者先王本有深意此處似未可缺然但求諸掌故未有成章詎易以片言復古故識其義備我宗子暨我族望之長於禮者定正焉其立廟也擇日主人夙興詣神座前拜請神主奉安於廟

而祭之如時享之儀祝文曰新廟既成敬安神主謹以柔毛剛鬣嘉薦普淖明齊溲酒薦此肇祀尚饗夫已立廟而妻卒則妻祔於夫祝文曰今奉某太君適於某府君謹以柔毛剛鬣嘉薦普淖明齊溲酒薦此祔事尚饗夫祔於妻亦如之別子之子即祔於禰孫以下始各以其班祔既祔而祫如前儀別子未有廟（謂己及妻尚在）而其子死則卒哭後藏主於別室其藏主也如告遷祧主之儀俟立廟始歸主於廟而祫祭凡生母不祔於廟其子奉之於別室時節享薦沒其身（穀梁傳云於子祭於孫止本指庶子爲後者言也庶子爲後猶得私祭其所生母若不爲父後者則其子若孫宜皆得伸其私祭矣然妾立祠於其子之家世祭而世祔食以其子孫則又古來無婦人爲始立廟之祖之義）

遂曰祔本非純吉之祭也殷練而祔周卒哭而祔皆三年喪畢乃祫而吉祭因以審昭穆遷遠主焉今祔祭行於喪畢祭已而致主於廟而祔適者又兼有改題廟中羣主祧遠主迭遷近主諸禮則

異於凶矣參諸吉禮亦其次也

孔氏家儀卷二終

孔氏家儀卷三

吉禮三

墓祭

孔氏子孫世祔葬於祖塋之次族既繁滋載析塋地戶授一區同域異兆兆之內子從父孫從子各以昭穆爲序既葬即墓前爲壇立碑碣志之碑碣之制恪遵會典五品以上用碑龜趺螭首六品以下用碣方趺圓首宗子之墓題曰幾十幾代衍聖公某公之墓凡無謚者稱字支庶之墓題曰幾十幾代孫某官某公之墓前作石案及鼎又前列石儀按會典三品以上許用石獸六五品以上許用石獸四今惟宗子及支庶蒙諭葬者用之又作翁仲君何各一石墓門一石華表二他墓皆否不貴侈以事其親也其日立碑碣必有祭祭屬吉禮宜擇日於除服之後陳碑碣於墓前拜位及客坐皆設棚次主人夙興具吉服告於祠堂儀見吉禮一告文曰維年月日孝子某等孫承重者曰孝孫某等敢昭告於顯考某府君神位前曰某等謹涓今日寔惟吉辰敬樹豐碑樹碣曰華碣用

表尊塋敢告告畢素服詣墓次鞠躬四拜董工役樹碑碣訖賓以次各詣墓前拜主人西面陪拜禮畢主人拜賓賓退俟於次執事者陳牢豕祭品尊罍主賓拜位並如家祭陳設訖執事者各司其事主人就位眾賓眾子弟皆就位執事者瘗毛血迎神主人詣盥洗所盥手訖升壇跪眾皆跪主人上香酹酒俯伏興眾皆俯伏興主人復位執事者設饌訖參神主人及眾皆鞠躬四拜興行初獻禮主人詣盥洗所洗爵升壇詣酒尊所司尊者舉冪酌酒主人詣墓前跪眾皆跪司爵者進爵主人受爵拱舉復授司爵者司爵者受興奠於案退祝跪讀祭文曰豐碑屹立表於百世禮既告成不勝感愴尚饗讀畢奉祝文恭安案上俯伏興退主人俯伏興眾皆俯伏興主人復位行亞獻禮如初獻行終獻禮如亞獻執事者徹饌退送神主人及眾皆鞠躬四拜興祝恭奉祝文詣燎位主人望

燎復位禮畢主人拜賓賓退主人復拜於次

詔立碑者其

遣官致祭也設棚次承祭如

諭祭於家之儀見凶禮二每歲之清明節七月望按墓次中元之祭本由釋教今沿習自舊俗而行之雖不設齋醮終非法也乾隆辛巳秋七月今宗子告宗族百司曰中元設祭古禮所無自唐時始有其事而或云目連救母設盂蘭盆會或云地官建元都大醮其語皆出於釋老兩家瀆祠不經有乖祀典其改祖廟中元一祭於中秋庶不違禮誣祖是廟祭固已正矣竊謂中元墓祭亦所當議革者未可拘有舉莫廢之義也十月朔並詣墓祭掃凡廟中有主者皆祭焉近祖謂高曾以下則遇誕辰忌辰皆祭於墓祭墓之儀已見闕里文獻考者不載並陳牲豕殺饌主人素服就位執事者進香主人上香鞠躬拜興跪執事者跪進酒主人酹酒執事者奉壺再斟酒主人拱舉授執事者執事者受興奠於案退主人再拜興禮畢主婦惟掃墓則往奠誕辰忌辰皆拜於祠堂凡族中祭墓掃墓各並如上儀大宗掃墓別爲壇汎祭族中無後者及殤者壇在聖墓享殿之東徧憫無主者也古禮上殤葬以棺椁中下殤葬

以堲周無服之殤葬以瓦棺無分適庶皆既虞卒哭而祔開元禮三殤之喪事辦而葬不立神主既虞除靈而適殤庶子之適殤猶祔如禮政和禮又云適殤者時享皆祔食古來祭殤之禮不一而成人無後者獨不言然據殤之祔食與喪大記有無後無無主之義則成人無後者應祔食可推而程子爲祭之等云無服之殤不祭中殤之祭終兄弟之身長殤之祭終兄弟之子之身成人無後者其祭終兄弟之孫之身今世無後者殤者並闕祔食之禮吾家舊於祭掃之日宗子除壇設祭以卹孤魂意良厚矣夫

凡子孫出仕請假回籍省墓者往祭於先人之墓如樹碑碣之儀已屬支庶則告於其宗爲之代祭

述曰墓祭非古謂是先人體魄所藏而非精神所聚也然堯祠靈臺武王祭畢古人已有行之者矣不自三代下始也且祭之爲道在申其哀敬而已安見體魄所藏不可以達我之忱乎況隨時展視使兆域不荒松楸無恙庶幾我先人得永安於地下亦仁人孝子所不廢也故敘其儀列於廟祭之後云

孔氏家儀卷三終

孔氏家儀卷四上

凶禮一上

喪服

斬衰　古禮凡衰外削幅裳內削幅幅三袧負廣出於適寸適博四寸出於衰衰長六寸博四寸衣帶下尺衽二尺有五寸袂屬幅衣二尺有二寸袪尺二寸斬衰裳者不緝衰布正服三升義服三升半冠並六升冠繩纓條屬右縫外畢鍛而勿灰絰帶皆用麻絰大一搤其圍得古尺九寸周尺一寸當今尺六分四釐下本在左五分去一以爲帶圍七寸二分菅屨外納杖徑如腰絰齊心而下本婦人髽衰總布六升長六寸箭笄用竹長尺卒哭以冠之六升受衰而冠七升去麻絰帶服葛絰帶婦人脫絰不脫帶葛絰而麻帶葛絰帶之圍粗並與齊衰之麻同期而小祥又以冠之七升受衰而用練冠中衣縓緣男子除首絰婦人除麻帶再期而大祥祥而縞衣麻衣中月而禫禫而纖冠采纓今律云斬衰用至粗布爲之不縫下邊無衰裳絰帶冠屨及受服之制魯俗相沿尚著衰裳絰帶其冠繩纓直縫其杖父喪以竹母喪以桐桐杖上圓下方但冠布同衰而腰絰粗於首屨用布外緝而不用菅爲未盡如古又古者首腰之絰皆單垂重服下本在左齊衰以下右本在上小斂加首絰卒斂主人麻帶眾主人及齊衰以下布帶尸侇於堂加要絰大功以上散垂小功以下及婦人皆絞垂迨成服乃並絞垂今成服始加絰首絰不垂腰絰則雙垂並絞而結之男喪左本其女已喪者并散其右結之末女喪右本其男已喪者并散其左結之末不以服之重輕爲別禮居廬不脫絰帶今孝子非哭殯及拜賓不加麻絰帶但著布絰帶布首絰用粗布廣幅長五尺重疊之博二寸施於首雙垂其餘於後父卒母在則短其左母卒父在則短其右父母並亡則左右相當俗謂之抹子腰帶如首絰而博一寸婦人韜髮重服用粗布二尺五寸卽古者總之義女子在室者用抹子不施總婦女送葬以布覆首謂之搭頭其布視男子之冠廣幅長五尺屈縫之左右長短之裁如絰無受服小祥釋衰服易布冠縞衣展衣下邊向內復折而下

緝若齊裳履亦如期大祥釋縞服青始衣細布邊向內緝著青布履**三年**三年者再期也**禫**禫者澹也孝子之意澹然哀思益衰也古禮未禫以前服縞謂之祥服既禫以後服纖始為禫服今祥後服青終禫之月數而除是以禫服為祥服有禫之名而反缺其服矣**三月者**按古禮既祥中月而禫鄭氏以中月為閒一月也今大祥釋縞自後三月通為禫服故從其實稱三月焉又古禮期亦禫為母為妻是也三年有不禫庶子同宮為其母妾為君是也今大為妻期不禫妾為家長三年輒並禫矣

子為父為母古者父卒為母服齊衰三年父在服齊衰杖期傳曰至尊在不敢伸其私也父必三年然後娶達子之志也唐高宗上元元年從武后請改父在為母服三年明太祖曰父母之恩一也復改斬衰**為繼母庶子為嫡母**以下女之服不析言繼母嫡母生母者亦皆如母也為祖母以上同**為生母**古禮大夫庶子為所生母服父在大功九月父沒齊衰三年士庶子父在父卒皆得伸三年如眾人若為父後者大夫士之庶子皆服緦傳曰與尊者為一體不敢服其私親也然則何以服緦也有死於宮中者則為之三月不舉祭因是以服緦也東晉時許大功九月唐以後仍服緦明太祖始改為父後者亦斬衰三年**為慈母**律云謂庶子所生之母死父令別妾撫育者傳曰喪之三年如母貴父之命也**承重者**

為祖父母祖父卒而後為祖母後者斬衰三年**承曾高以上重者如之庶孫之長孤而祖父已沒代父為生祖母**禮妾母不世祭於子祭於孫止故無孫為生祖母承重之禮乾隆二十七年秋八月聖廟九品官傅贊生祖母田氏卒其祖父及嫡祖母皆已沒疑於承重請於宗子宗子以事闕作缺咨吏部部覆云為祖母承重服斬衰三年專指嫡長孫而言庶子為生母服斬衰三年自有專條今孔傳贊之父係應為田氏服斬衰三年者既早亡故如孔傳贊係田氏長孫應代父服然則今雖有代父服斬衰之例實非承重也

為人後者為所後父母謂無子而養同宗之子為子者其子之服若子傳曰受重者必以尊服服之何如而可為之後同宗之子則可何如而後可以為人後支子可也又云適子不得後大宗據此則古來無長子可以為他人後之禮今律有立嗣雖

係同宗而尊卑失序者之罪亦指立嗣紊昭穆者孫繼祖弟繼兄者而言凡世俗所云繼嫡子當以長子繼支子乃以衆子之說於古今之禮皆無當也

為人後而承重者為其所後之祖父母曾高祖父母傳曰為所後者之祖父母若子以下五服並同

為養母律云謂自幼過房與人按養母之服始於宋開寶禮謂養同宗及三歲以下遺棄之子者與親母同服齊衰三年明加為斬衰

妻為夫傳曰夫至尊也

婦為舅姑古禮服期宋太祖從禮官議依後唐劉岳刪定書儀定為舅姑如夫服

為夫之凡服三年者律云夫為祖父母及曾高祖父母承重者並從夫服若夫應承重而死其子若孫為曾高承重者已當何服律既不載禮亦無文俗或有竟從子服三年者說者曰己本家婦當主饋奠之事又或夫在時已從夫服未使後喪異前喪也夫禮舅沒則姑老祭祀之事已授其婦況律明言從夫不言從子自宜仍依本服為是若亡者無妻己子又尚未有婦則己當主喪似不可以不服三年矣

女在室為父母為慈母為養母已嫁被出而歸者如之以下五服並同

妾為家長律無家長為妾之服禮喪服緦章有貴妾注云謂公士大夫之君也喪服小記云士妾有子而為之緦無子則已故今世亦有為妾服緦者但律既不載必緣飾禮文而為之服似近於私矣或云心喪三月可也

齊衰杖期者古者齊衰裳以疏布裳內緝衰外緝降服四升冠七升正服五升冠八升義服六升冠九升條屨右縫布纓以斬衰之帶為絰圍七寸二分五分去一以為帶圍五寸七分半布帶七升屨內納側杖用桐婦人惡笄用榛木既葬降服受衰七升冠八升正服受衰八升冠九升義服受衰九升冠十升去麻絰服葛絰其圍粗與大功之麻同今制齊衰用稍粗布為之縫下邊魯俗以稍粗布為中衣衰裳用粗麻布冠邪縫布如衰而屨亦用布外緝桐杖無受服

父母卒為妻祖父在承重者為祖母律文無會典有為曾高承重者亦如之

為庶母律云謂父妾有子女者古禮士服緦大夫無服明孝慈錄定服杖期

為出母律云謂親

母被父出者古禮爲父後者不服出母傳曰與尊者
爲一體不敢服其私親也明以來爲父後者亦服
爲嫁母律云謂親母因父死再嫁他人者古禮爲父後者無服明以來並服
從繼母嫁者爲繼母古者繼母嫁亦有服傳曰貴終也自唐開元禮惟從而寄育者乃服金世宗大定八年改服三年明孝慈錄復如唐制今律喪服表
將此條入不杖期與圖不符竊以律圖見
既遵用又與古禮適合故未敢舍圖據表
妻爲夫庶母古禮無服明孝慈錄增
夫祖父在承祖母重者夫曾高祖母亦如之女在室爲庶母爲出母嫁母從繼母嫁者爲繼母齊衰不杖期者古禮疏屨餘與杖期同今屨亦與杖期同
父母在爲妻古禮父在爲妻不杖以父爲之
主也庶子以杖即位矣自朱子
家禮凡子爲妻父母在皆不杖
爲祖父母爲生祖母按禮不言妾祖母之服或云無服自宋開寶禮始著父所生庶母之
服朱子家禮云爲祖後則不服也今律統於爲祖母條內故凡爲祖後者亦服焉以後
爲生曾祖母生高祖母並與曾高祖母同故不別言也功緦條下其妻之服亦準此
爲長子眾子古禮父爲長子服斬衰三年傳曰正體於上又乃將所傳重也
庶子不得爲長子三年不繼祖也自明以來始與爲眾子服同
爲長子婦古禮服大功唐太宗
從魏徵等請改此條乃家嫡之禮當與庶子不得爲長子三年參觀按長子爲其長子
三年之禮自明已革而嫡婦嫡孫嫡孫婦三條卒未革豈議其重者遂忽其輕者與
爲女在室者爲女之無夫與子者亦如之儀禮喪服齊衰不杖期章姑姊妹女子子適人無主者姑姊妹報傳曰無主者謂其無祭主者
也何以期也爲其無祭主故也疏云女子子不言報者女子子出適大功反爲父母自然猶期不
須言報故不言也敖繼公曰父母爲己加一等而已於父母不復加者其亦以婦人不能貳斬也
按禮意本主於父母兄弟及姪爲無主者服也今律云出嫁而無夫與子者爲兄弟姊妹及姪皆
不杖期似詳於報服而略於本服矣又以報父母仍期遂不言爲父母於是兄弟及姪爲姑姊妹

無主者之服可因報服互推而父母服女無主者一條不免或忽矣**爲嫡孫**謂將爲後者傳曰有適子者無適孫今律亦無此文凡故尋求律文証以經傳特表出之俾行服者毋忘哀戚之原意焉不敢降其適也唐開元禮凡爲曾元孫承適者同自明以來律令不載又傳曰有適子者無適孫今律亦無此文凡行服者於孫雖次當承適而其父未死或子孫並已死而爲曾元之承適者皆當參考古禮以補律文之不足蓋律本簡略讀者須尋文考義必以禮輔之而後隆殺之宜益較然不爽且不但此也傳所謂不敢降其適者非自私其適也以其承我父祖之重故不敢降也據禮庶子不得爲長子三年則又以己非冢嫡不敢隆其嫡也夫不得隆其嫡子者自亦不得隆其嫡婦不得隆其嫡孫矣不得隆其嫡孫者自亦不得隆其嫡孫婦矣凡此之類亦宜詳究禮原庶合重祖之義而無自私其嫡之嫌不善於讀律者恐失之也**爲兄弟及姊妹在室者爲兄弟之子及女在室者爲伯叔父母及姑在室者爲姊妹姑之無夫與子者爲人後者爲本生父母降**傳曰不貳斬也何以不貳斬也特重於大宗者降其小宗也據此可知古闕小宗立繼之義今世支子無嗣兄弟憫之爲之置後意甚厚也在爲人後者受他人之重而降其父母方當於心有私戚焉柰何末俗日偷至有爭爲人後者按立繼例云先儘同父周親次及大功小功緦麻本謂先親後疏非必如世俗所云繼甲必以乙之長子繼丙必以甲之次子甲無可繼乃以次而及於乙之子也況例許立愛立賢若於昭穆倫序不失不許宗族指以次序告爭幷官司受理乃往往惟執應繼之例不聽立賢甚至伯仲也而以昭穆目之豈相憫置後之厚意乎**父母報亦如之**按妾之子服之如母則其降服報服當亦如母律文不別言者統於父母之文也慈母亦然**爲同居繼父兩無大功親者**律云謂繼父無子孫己亦無伯叔兄弟之類傳曰夫死妻稚子幼子無大功之親與之適人而所適者亦無大功之親所適者以其貨財爲之築宮廟歲時使之祀焉妻不敢與焉若是則繼父之道也據此則爲亡親之祀故以恩服爾非但謂兩無大功親卽當服也若非然者路人何服之有**母爲長子衆子**

毛家義卷四七　喪服　三二

古禮母爲長子服齊衰三年傳曰父之所不降母亦不敢降也自明以來始與爲衆子服同凡繼母爲子女之服並如母

爲長子婦古禮服大功唐太宗從魏徵等請改

爲女在室者爲女之無夫與子者亦如之妻爲夫兄弟之子及女在室者女在室爲祖父母嫁亦如之傳曰不敢降其祖也在室爲兄弟及姊妹在室者爲姪及姪女在室者爲伯叔父母及姑在室者爲姊妹姑之無夫與子者爲同居繼父兩無大功親者女嫁爲父母傳曰婦人不貳斬也婦人有三從之義無專用之道故未嫁從父既嫁從夫夫死從子故父者子之天也夫者妻之天也婦人不貳斬者猶曰不貳天也婦人不能二尊也

爲生母爲慈母

爲兄弟之爲父後者傳曰婦人雖在外必有歸宗曰小宗故服期也鄭康成曰父沒乃爲爲父後者服期

爲養母無夫與子者爲兄弟及姊妹在室者爲姪及姪女在室者妾爲正室傳曰妾之事女君與婦之事舅姑等鄭康成曰女君於妾無服報之則重降之則嫌

爲家長父母古無服明始制

爲家長之子古禮爲君之長子服齊衰三年惡笄有首布總明太祖改

及女爲其子及女律服圖不言爲家長之女及其女以女爲生母庶母服推之知兼女子子而言也

齊衰五月者古疏衰之服惟爲諸侯有至五月者葬畢即除故無受唐始析齊衰之服增五三月一條爲期三月之間焉今制布如期魯俗衰裳絰帶皆視期惟屨視大功

爲曾祖父母古禮服齊衰三月傳曰何以齊衰三月也小功者兄弟之服也不敢以兄弟之服服至尊也鄭康成曰重其衰麻尊尊也減其日月恩殺也唐太宗從魏徵等請增爲五月

爲人

後者及爲人後者之子律云凡男爲人後爲本生親屬孝服皆降一等而不言爲人後者之子自古以來亦未有言及者以情義準之父爲祖兄弟之後則祖之齊期變爲小功矣若父爲祖從兄弟之後則又變爲緦麻矣若父爲祖再從兄弟之後則且至於無服矣我卽不能疏衰終期忍卽以袒免從事乎至於旁尊雖尚可殺亦奚忍一變而卽無服乎然則凡律文不及爲人後之子者殆卽以爲人後之文統之也爲本生祖父母降世有降服大功者非喪服自期以下爲兄弟降疏衰一等服大功再降一等服小功再降一等服緦麻爲祖曾高通服疏衰降期一等服五月再降一等服三月爲祖而降大功是以兄弟之降服服至尊矣且爲祖降大功則將爲曾祖降緦麻古禮爲曾祖本服三月寧卽降於無服乎齊衰三月爲期雖促其服則重於大功故古之人以服曾祖而不嫌其輕服止三月無可復降故雖出繼不降而不嫌其重若爲祖降大功祖之服不已輕於曾祖乎若曾祖遂降於無服然則以曾祖之親曾不若爲從祖祖父以下猶得由小功而裁降緦麻也又豈滅其日月重其衰麻之本義乎女在室出嫁並如之

齊衰三月者禮疏衰裳齊牡麻絰無受記曰齊衰三月與大功同者繩屨今服同齊衰五月者爲高祖父母出爲人後不降爲五世祖亦如之禮及律皆不言者服至五而極且世人逮事五世者少也朱子取沈存中說以爲齊衰三月不特四世祖爲然自四世祖以上凡逮事皆當服衰麻三月按沈氏之說曰喪服但有曾祖齊衰三月曾孫緦麻三月而無高祖玄孫服先儒皆以爲服同曾祖曾孫故不言可推而知或曰經之所不言則不服皆不然也曾重也由祖而上者皆曾祖也由孫而下者皆曾孫也雖百世可也苟有相逮者則必爲服喪三月故雖成王之於后稷亦稱曾孫而祭禮祝文無遠近皆曰曾孫禮所謂以五爲九者謂旁親之殺也上殺下殺至於九旁殺至於四而皆謂之族過此則非其族也非其族則爲之無服唯正統不以族名則是無絕道也爲人後者及爲人後者之子孫爲本生曾祖父母降女在室出嫁並如之爲同居繼父兩有大功親者

律云謂繼父有子孫己亦有伯叔兄弟之類爲繼父今不同居者律云謂先曾同居者按喪服小記繼父不同居也者必嘗同居皆無主後同財而祭其祖禰爲同居有主後者爲異居也大功九月者古者大功衰裳降服七升正服八升冠並十升義服九升冠十一升冠條屬右縫以齊衰之帶爲經圍五寸七分半五分去一以爲帶圍四寸六分布帶繩屨既葬降服正服受衰十升冠十一升義服受衰十一升冠十二升去麻經服葛經其圍粗與小功之麻同既除朝服素冠吉屨無絇踰月復吉今制大功之服用粗熟布爲之俗以粗熟布爲中衣衰裳則用次粗麻布冠之布同衰而直縫屨白布內緝無受服按禮疏衰之異斬衰在緝功緦之異疏衰不在緝而在布疏衰用生布功則治熟之耳蓋五服一斬四齊疏衰爲齊之首故亦曰齊衰非其爲齊特異也今俗齊衰之緝則露其邊功緦之緝則隱其邊強爲分別誤矣又自齊以下衰裳或並不緝或名爲衰而胷前實不著衰又或齊五月三月者其布竟擬於功緦製服者於此等處不可不詳考細辨也爲衆子婦古禮服小功唐太宗從魏徵等請改爲女嫁者爲衆孫及孫女在室者爲姊妹嫁者爲兄弟之子婦及女嫁者爲姑嫁者爲從兄弟及從姊妹在室者爲人後者及爲人後者之子爲本支期親降本生祖父母在齊衰五月條爲人後者於其因母之出者嫁者雖不得謂之期親然既爲之服期矣則亦當與凡期親同降大功爲出爲人後者及其子於己本屬期親者降爲子不降已見不杖期條律大功條有爲己兄弟之子爲人後者而不及其他舉一以概其凡也妻爲夫祖父母爲衆子婦爲女嫁者爲孫古禮爲嫡孫服期今制與爲衆孫同及孫女在室者爲夫兄弟之子婦及女嫁者爲夫伯叔父母夫爲人後爲其

本生舅姑（古為舅姑服期故降大功今如故者殆未及變者與）及期親降（夫之庶母降服在小功條）為夫族出為人後者及其子於己本屬期親者降（為子不降已見不杖期條）女在室為姊妹嫁者為姪女嫁者為姑嫁者為從兄弟及從姊妹在室者父為人後為其本支期親降（本生祖父母在齊衰五月條）為出為人後者及其子於己本屬期親者降已嫁為本宗期親降（為祖父母及兄弟之為父後者不降若無夫與子則為其兄弟及姊妹在室者為姪及姪女在室者亦不降均已見不杖期條至女為其出母嫁母繼母嫁而從者為其繼母及為繼父同居兩無大功親者其出嫁降服當亦與為期親同服圖服表不載按三父八母圖本兼丈夫子女子子而言女子子之服其在室也如丈夫子其適人也為本宗尚降一等況服由義起者乎）妾為家長之女及其女嫁者為家長衆子之出為人後者降小功五月者（古者小功衰裳降服十升正服十一升義服十二升冠布並如衰條屬左縫以大功之帶為絰圍四寸六分五分去一以為帶圍三寸六分大澡麻絰本在上纏無絇既葬除麻絰受葛絰葛絰圍粗與緦麻之麻同今制小功之服用稍粗熟布為之曾俗以稍粗熟布為中衣衰裳則用細麻布冠直縫屨如大功）為嫡孫婦（禮適婦大功庶婦小功則庶孫婦緦麻適孫婦亦宜加至小功矣喪服傳曰有適子者無適孫孫婦亦如之而禮不言其服文脫耳唐開元禮始著於令按傳孫婦亦如之者謂亦有適子者無適孫婦不謂視適婦之有無也鄭恐誤）及孫女嫁者為兄弟之妻（古禮無服唐太宗從魏徵等請增以下凡嫂及弟婦之服皆唐增）為兄弟之孫及孫女在室者為從姊妹嫁者為從兄

弟之子及女在室者爲伯叔祖父母及祖姑在室者爲從伯叔父母及從姑在室者爲再從兄弟及再從姊妹在室者爲人後者及爲人後者之子爲本支大功親降爲出爲人後者及其子於已本屬大功親者降爲外祖父母爲舅古禮服緦麻唐太宗改舅母古無服唐明皇增服緦麻宋天聖間復刪爲姨禮雖外親亦無二統故傳曰母出則爲繼母之黨服母死則爲其母之黨服爲其母之黨服則不爲繼母之黨服然則前母繼母之子當各自服其母之黨矣惟庶子於嫡母在則從服其黨喪服傳曰君母在則不敢不從服不在則不服爲甥及甥女爲人後者爲所後者之外親亦如之祖母爲孫女嫁者妻爲夫兄弟及妻爲夫姊妹及姑凡不言在室者嫁不降也鄭康成云夫之姑姊妹不殊在室者因恩輕略從降爲夫兄弟之孫及孫女在室者爲夫從兄弟之子及女在室者夫若舅爲人後爲夫之本生祖父母降爲夫之庶母妻爲夫之庶母今本服杖期殺舅姑一等律令不言所降之服知不得降大功者嫌與舅姑同也爲舅姑由齊加斬今猶降二等不敢大功況夫之庶母乃由無服而加至杖期者可止降一等竟與舅姑無別乎似亦比舅姑之例降二等爲宜汾敘次喪服一遵律令其令文有弗備者間證以禮經及先儒之說足之此條既無古典可據而當世行服者於此處多缺焉遂鮮議及之者竊謂律文既有正服則降服亦在所當明若概以爲本生親屬孝服皆降一等之文該之又有疑於爲姑之嫌且爲姑實降二等故用此例列於小功幷附卮論以備禮官之採擇焉及其本支

大功親降爲夫族出爲人後者及其子於己本屬大功親者降女在室爲兄弟之妻及姪婦已嫁亦如之按喪服小功章夫之姑姊妹娣姒婦報報者指夫之姑姊妹爲己報小功也又注云不殊在室及嫁則嫁者亦宜報小功矣今律惟載妻爲夫姑姊妹小功在室出嫁同雖不言報可互推也在室爲姪孫及姪孫女在室者爲從姊妹嫁者爲從姪及從姪女在室者爲伯叔祖父母及祖姑在室者爲從伯叔父母及從姑在室者爲再從兄弟及再從姊妹在室者父爲人後爲其本支大功親降爲出爲人後者及其子於己本屬大功親者降已嫁爲本宗大功親降由期服降在大功者亦如之在室爲外祖父母爲舅爲姨爲姊妹之子及女已嫁亦如之緦麻三月者古者緦麻以十五升抽半之布爲衰裳冠纓帶亦然冠條屬左縫以小功之帶爲絰圍三寸六分太五分去一以爲帶圍二寸九分半澡麻絰本吉屨無絇今制緦麻之服用稍細熟布爲之貫俗以稍細熟布爲中衣以極細麻布爲衰裳冠直縫屨如小功爲衆孫婦爲曾孫及曾孫女爲元孫及元孫女爲衆孫亦如之爲兄弟之孫婦及孫女嫁者爲兄弟之曾孫及曾孫女在室者爲從兄弟之妻爲從兄弟之子婦及女嫁者爲從

兄弟之孫及孫女在室者爲祖姑嫁者爲從姑嫁者爲再從姊妹嫁者爲再從兄弟之子及女在室者爲曾伯叔祖父母及曾祖姑在室者爲族伯叔祖父母及族祖姑在室者爲族伯叔父母及族姑在室者爲族兄弟及族姊妹在室者爲姊妹之子婦唐始制今服圖不載以甥爲舅小功妻爲夫外親降一等知服緦麻報服當亦同也爲姑之子爲舅之子服圖不言姑舅之女按敖繼公說爲舅之子云凡與姑之子相爲皆男女同也爲姨之子服圖不言姨之女按敖繼公云從母姊妹亦存焉爲人後者爲所後者之外親亦如之爲外孫及外孫女爲人後者及爲人後者之子孫爲本支小功親降唐開元禮緦麻服有爲人後者爲本生外祖父母宋以後因之今律文不言者於爲本生親屬降服內統言之也爲出爲人後者及其子孫於己本屬小功親者降爲妻之父母爲壻爲乳母律云謂父妾乳哺者按儀禮喪服注養子者有他故賤者代之慈己故曰以名服也若如律所云則父妾能乳哺我者必彼已有子女可曰庶母矣若己所生母死而父命之乳己直可曰慈母矣何以別有乳母之號而服止緦之輕乎自認乳母爲父妾於是乳母之恩鮮報者自明隆庶母之服而此條幷成贅文矣循名核實似宜曰乳母謂乳哺者爲得妻爲夫高祖父母曾祖父母爲夫五世祖以上亦如之爲孫婦爲曾孫及曾孫女爲元孫

及元孫女爲來孫亦如之妻爲夫兄弟之孫婦及孫女嫁者爲夫兄弟之曾孫及曾孫女在室者爲夫從兄弟及妻爲夫從姊妹爲夫從兄弟之子婦及女嫁者爲夫從兄弟之孫及孫女在室者爲夫伯叔祖父母及祖姑在室者爲夫從伯叔父母及從姑在室者爲夫再從兄弟之子及女在室者爲外孫及外孫女爲夫之外祖父母爲夫之舅及姨夫之舅之服唐始制夫若舅爲人後爲其本支小功親降爲夫族出爲人後者及其子於己本屬小功親者降爲壻女在室爲從兄弟之妻已嫁亦如之服圖及表皆不載以妻爲夫從姊妹之服推之知亦與在室同在室爲姪孫婦及姪孫女嫁者爲曾姪孫及曾姪孫女在室者爲從姪婦及從姪女嫁者爲從姪孫及從姪孫女在室者爲祖姑嫁者爲從姑嫁者爲再從姊妹嫁者爲再從姪及再從姪女在室者爲曾伯叔祖父母及曾祖姑在室者爲族伯叔祖父母及族祖姑在室者爲族伯

叔父母及族姑在室者爲族兄弟及族姊妹在室者父祖爲人後爲其本支小功親降爲出爲人後者及其子於已本屬小功親者降已嫁爲本宗小功親降（爲兄弟之妻及姪婦不降餘皆降由大功降在小功者亦如之）在室爲姊妹之子婦爲姑之子爲舅之子爲姨之子（以上三條兼內外姊妹已見內外兄弟各條）爲乳母已嫁亦如之右五服之算三年期不計閏九月以下乃計閏五服之外有袒免（古禮免者用布廣寸從項中交於額上又卻向後繞於髻若冠然袒者袒脫露半袖今律載袒免制服素以尺布纏頭魯俗但素冠縞衣而已）爲五世親屬無服者（記曰四世而緦服之窮也五世袒免殺同姓也六世而親屬竭矣）爲緦親嫁者（曾元孫女嫁不降）爲人後者及其子孫爲本支緦親降服亦如之（爲曾元孫出爲人後者不降）妻爲夫族緦親降服（夫從姊妹嫁不降夫若舅爲人後婦爲夫本生曾高祖父母及爲曾元孫之出爲人後者報並不降）女出嫁爲本宗緦親降服（從兄弟之妻不降）父祖爲人後爲其本支緦親降及爲出爲人後者及其子於已本屬緦親者降並亦如之凡殤者無服（男女年未至二十者皆爲殤古禮以十九歲爲長殤十五歲以下爲中殤十一歲以下爲下殤皆依殤者本服遞降男爲人後女適人爲降服之殤亦如之以大功九月服期之長殤以大功七月服期之中殤以小功五月服期之下殤及大功之長殤以緦麻三月服大功之中殤下殤及小

功之長殤七歲以下是爲無服之殤凡無服之殤其哭之也以日易月期十二日大功九日小功五日緦麻三日歷代相因明初猶著於令孝慈錄省今律文因之遂闕三殤之服汪琬曰殤服似不可廢孝慈錄與明律所以不載者以有明令並行故也今律文既仍孝慈錄遂不及增入士大夫行服時或應以明令參酌知禮者詳之男子已娶女子已笄者不殤宗子不殤父已歿爲父後者謂父歿子幼又死他無承祀之人當爲此子立後者雖幼不殤凡僕媵爲主人服如主人之子爲主人之父母祖父母以上服從主人之服謂父子祖孫異宮者如主人之父母若祖父母在不服其生母惟侍其生母者則服之餘者在喪次則白冠縞衣去喪次則已爲主人之妻及子亦皆從主人之服不服主人期功以下旁親凡衰麻勿易勿補凡鬪毆成服者皆追服之如日月之算而除此即禮所謂稅服也凡五服皆然今期以下或否甚非禮弓曾子曰小功不稅則是遠兄弟終無服也而可乎凡先遭輕喪而後遭重喪則服其重者往輕者喪次則反輕服事畢復易重服輕服當除往其喪次除之先遭重喪而後遭輕喪則往輕者喪次服輕服事畢而反重服有父母之喪亦如之重服既除乃即輕服以終其算古有受服故記有輕者包重者特麻葛同則兼

服之之文今無其制然服從重者亦卽輕者包重者特之意也凡父母之喪服旣除而後克葬者及啓殯反喪服旣葬三月而除古禮久而不葬者主喪者不除服葬後踰月補練再月補祥三月補禫今久不克葬者已除服矣練祥禫之祭無可補惟服則必當仍終三月云服輕者如之旣葬而除凡改葬子爲父母妻爲夫妾爲家長及承重者爲祖父母以上皆服緦麻成服而後啓遷三月而除喪服記改葬緦鄭康成云親見尸柩不可以無服緦三月而除之賈公彥云君親死已久可以無服但親見君父尸柩暫時之痛不可不制服以表哀故服緦也又穀梁傳改葬之禮緦舉下緬也范甯注引江熙曰改葬禮緦舉五服之下以喪緬藐遠也按唐開元禮宋政和禮明集禮皆葬畢卽釋緦易素服今俗則如鄭氏之說旣改葬三月乃除揆之人子哀至不能卽忘之情似爲較長惟竟有依三月之期制斬衰之服者則施之已緬之喪未免過重耳冢孫及旁親皆袒免凡三年喪出非以喪故不得他出則乘白布惡車夏薦蒲席冬薦白氈並不緣邊或乘樸馬布裹鞍轡

述曰喪服四制有恩有理有節有權恩者仁也理者義也節者禮也權者智也服術有六一曰親親二曰尊尊三曰名四曰出入五曰長幼六曰從服從服又有六有屬從有徒從有從有服而無服有從無服而有服有從重而輕有從輕而重非義精仁至衷諸禮

而達之以權其孰能與於斯乎然斬齊功緦特哀之發於衣服者也所以飾哀之文也仁人孝子之執喪也於飲食居處之際容體聲音言語之間無往而不寄其哀焉斬衰貌若苴齊衰貌若枲大功貌若止小功緦麻容貌可也此哀之發於容體者也斬衰之哭若往而不反齊衰之哭若往而反大功之哭三曲而偯小功緦麻哀容可也此哀之發於聲音者也斬衰唯而不對齊衰對而不言大功言而不議小功緦麻議而不及樂此哀之發於言語者也斬衰三日不食齊衰二日不食大功三不食小功緦麻再不食士與斂焉則壹不食故父母之喪既殯食粥朝一溢米暮一溢米既虞卒哭疏食水飲不食菜果期而小祥食菜果又期而大祥有醯醬中月而禫禫而飲醴酒齊衰之喪疏食水飲不食菜果大功之喪不食醯醬小功緦麻不飲醴酒此哀之發於飲食者也父母之喪

居倚廬寢苫枕凷不稅絰帶既虞卒哭柱楣翦屏芐翦不納期而小祥居堊室寢有席又期而大祥居復寢中月而禫禫而牀齊衰之喪居堊室芐翦不納大功之喪寢有席小功緦麻牀可也此哀之發於居處者也蓋喪主於哀哀以實而不以文文有節而實無窮也雜記有云親喪外除兄弟之喪内除外除者服以制斷哀不與服終若分有所抑義有所降必奉以心喪不待論已故吾嘗謂凡子之屈於嗣父女之屈於二天固皆當以心喪終其筭也至所謂内除者亦必終其筭而後卽吉無未及時而可忘哀焉爾

孔氏家儀卷四上終

孔氏家儀卷四下

凶禮一下

喪服表

喪服之紀族合爲九服則上附下附裁五而已率以親率以祖而仁義行焉參以牉合而三黨麗焉曰正服曰降服曰加服曰義服輕重之閒無毫髮爽非融會禮經固未易一一辨也然不可知而可由者宜求諸簡易故旣著其紀更爲表如左以便覽觀

斬衰三年　齊衰杖期　齊衰不杖期　齊衰五月　齊衰三月　大功九月　小功五月　緦麻三月　袒免

九族之服

父母		降					改葬據禮補後並同	
生母		降					改葬	
承祖父母重	祖父在承祖母重	祖父母降					改葬承重	

庶孫之長孤而祖父已沒代父爲生祖母乾隆二十七年部文	承曾祖父母重	承高祖父母重	承重
	曾祖父在承曾祖母重	高祖父在承高祖母重	
生祖母降			
	曾祖父降 母		
		高祖父母	五世祖以上依朱子取沈存中說補
	改葬承重	改葬承重	改葬承重

父母卒為妻

父母在為妻

子

長子婦　據禮此條當是冢嫡為其長子婦

衆子婦降

女在室

女無夫與子者　此條律惟載無夫與子者之報服因其報父母仍期故不言遂成漏文

女嫁

嫡孫　據禮此條當是冢嫡為其嫡孫

嫡孫婦 據禮此條當是冢嫡爲其嫡孫婦

衆孫 降

衆孫婦 降

孫女在室 降

孫女嫁 降

曾孫

曾孫女

元孫

元孫女

來孫以下 用沈存中說補

庶母 降

兄弟 降

	姊妹在室	姊妹無夫與子者	兄弟之子		兄弟之女在室		
	降	姊妹嫁降	降	兄弟之子婦降	降	兄弟之女嫁降	
兄弟之妻降							兄弟之孫降

						伯叔父母	姑在室
						降	降
	兄弟之孫女在室 降						
兄弟之孫婦 降		兄弟之孫女嫁 降	兄弟之曾孫 降	兄弟之曾孫女在室 降			
					兄弟之曾孫女嫁		

姑無夫與子者								
姑嫁降	從兄弟降		從姊妹降在室					
				從姊妹降嫁	從兄弟降之子		從兄弟降之女在室	
		從兄弟降之妻				從兄弟降之子婦		從兄弟降之女嫁

從兄弟之孫降

從兄弟之孫女在室降

從兄弟之孫女嫁

伯叔祖父母降

祖姑在室降

祖姑嫁降

從伯叔父母降

從姑在室降

從姑嫁降

再從兄降
弟

再從姊降
妹在室

再從姊降
妹嫁

再從兄降
弟之子

再從兄降
弟之女
在室

再從兄
弟之女
嫁

曾伯叔降
祖父母

曾祖姑降
在室

曾祖姑
嫁

族祖父降
母

族祖姑降
在室

族祖姑
嫁

族伯叔降
父母

族姑在降
室

族姑嫁

族兄弟降

族姊妹降
在室

族姊妹
嫁

三黨外親服

壻

外孫　降

外孫女

甥（據甥爲舅服補甥婦甥女同）　降

甥婦　降

甥女　降

姑之子（依敖繼公說兼姑之女而言）　降

外祖父母　降

舅　降

舅之子（依敖繼公說兼舅之女而言）　降

姨　降

義服

慈母　降

養母

姨之子　降（依敖繼公說兼姨之女而言）

妻父母

乳母

出母　降（據爲本生親屬皆降一等補嫁母同）

嫁母　降

繼母嫁而從者

繼父同居兩無大功親

繼父同居兩有大功親

繼父今不同居

妻爲夫族服

夫	舅姑	夫生母					夫承重夫承祖母曾高祖母重
	降	降	夫祖父降 母				
改葬	改葬	改葬		夫曾祖父母	夫高祖父母	夫五世祖以上 說見來孫爲五世祖條	改葬夫承重

夫代父服

夫生祖母降

子

長子婦（據禮此條當是家嫡之妻爲其長子婦）

衆子婦降

女在室

女無夫與子者（說見父爲女無夫與子者條）

女嫁

孫降

孫婦降

孫女在室降

孫女嫁降

曾孫

曾孫女

元孫

元孫女

來孫以下 說見五世祖爲來孫條

夫庶母

降 據爲夫之父母降二等知爲其庶母當亦降二等

夫兄弟降

夫兄弟之妻降

夫姊妹降

夫兄弟之子

降

夫兄弟之女在室

夫兄弟降之子婦降

夫兄弟降之女嫁

夫兄弟降之孫

夫兄弟降之孫女在室

夫兄弟降之孫婦

夫兄弟降之孫女嫁

			夫伯叔降 父母	夫姑 降			
夫兄弟降 之曾孫	夫兄弟降 之曾孫 女在室				夫從兄降 弟	夫從兄降 弟之妻	夫從姊降 妹
		夫兄弟 之曾孫 女嫁					

夫從兄降 弟之子

夫從兄降 弟之女 在室

夫從兄降 弟之子 婦

夫從兄降 弟之女 嫁

夫從兄降 弟之孫

夫從兄降 弟之孫 女在室

夫從兄弟之孫女嫁	夫伯叔祖父母降	夫祖姑在室降	夫祖姑嫁	夫從伯叔父母降	夫從姑在室降	夫從姑嫁	夫再從兄弟之子降

女爲父族服

父母
已嫁
改葬

生母
已嫁
改葬

祖父母降

曾祖父降
母

高祖父
母

五世祖以上說見來孫爲五世祖條

夫再從兄弟之女在室降

夫再從兄弟之女嫁

庶母

兄弟

爲兄弟之爲父後者（據儀禮注此條當是父卒爲兄弟之爲父後者）

繇夫與子者爲兄弟

與姊妹並在室

已嫁（據女出嫁爲本宗皆降一等）

降

嫁爲兄降

弟

兄弟之降

妻

與姊妹各嫁

在室爲姊妹之無夫與子者姊妹報

與姊妹互有嫁

姪無夫與子者爲姪

降

嫁爲姪降

姪婦

降

與姪女並在室無夫與子者爲姪女在室者

降

與姪女降

互有嫁

與姪女降

各嫁

姪孫降
嫁爲姪降
孫
姪孫婦降
嫁爲姪
孫婦
與姪孫降
女並在
室
與姪孫降
女互有
嫁
與姪孫
女各嫁
曾姪孫降
嫁爲曾
姪孫

與曾姪降
孫女並
在室

與曾姪
孫女互
有嫁

伯叔父
母

降

嫁爲伯降
叔父母

與姑並
在室

降

在室爲
姑無夫
與子者

與姑互降
有嫁

與姑各降
嫁

從兄弟降

		與從姊降妹並在室						
嫁爲從降兄弟			與從姊降妹互有嫁		從姪			
	從兄弟降之妻			與從姊降妹各嫁	降	嫁爲從降姪	從姪婦降	
								嫁爲從姪婦

與從姪降女並在室

與從姪降女互有嫁

與從姪女各嫁

從姪孫降

嫁為從姪孫

與從姪降孫女並在室

與從姪孫女互有嫁

伯叔祖降
父母

嫁爲伯降
叔祖父
母

與祖姑降
並在室

與祖姑降
互有嫁

與祖姑
各嫁

從伯叔降
父母

嫁爲從降
伯叔父
母

與從姑降
並在室

與從姑降互有嫁

與從姑各嫁

再從兄降弟

嫁爲從降兄弟

與再從降姊妹並在室

與再從降姊妹互有嫁

與再從姊妹各嫁

再從姪降		與再從姪女並在室降		曾伯叔祖父母降		與曾祖姑並在室降
	嫁爲再從姪		與再從姪女互有嫁		嫁爲曾伯叔祖父母	

與曾祖姑互有嫁

族祖父降母

嫁爲族祖父母

與族祖降姑並在室

與族祖姑互有嫁

族伯叔降父母

嫁爲族伯叔父母

妾之服

						家長		
							正妻	家長父母
與族姑降並在室		族兄弟降		與族姊妹並在室		改葬		
	與族姑互有嫁		嫁為族兄弟		與族姊妹互有嫁			

婦女為外親

家長長子
降　據為人後者為本支親屬服皆降等知其庶母報亦降等

家長衆子

家長之女
嫁　據女嫁為本宗服降等知報亦降等

其子

其女
嫁　凡生母為子女之服如母也

壻

外孫　降

外孫女

夫外祖父母　降

夫之舅　降

之服

	姊妹之降子 據甥爲姨之服補姊妹之女同		姊妹之女		外祖父	母	舅
夫之姨降		姊妹之降子婦		姑之子降 依敖繼公說兼姑之女而言			降
							舅之子降 依敖繼公說兼舅之女而言

婦女義服

						姨		
							姨之子降依敖繼公說兼姨之女而言	
夫慈母					降			
夫養母								
慈母		已嫁						
養母		已嫁						
							乳母	
	出母				已嫁據女子爲本宗在室與兄弟同出嫁皆降一等補以後六條並同			
	嫁母				已嫁			
	繼母嫁而從者				已嫁			

繼父同居兩無大功親		
	繼父同居兩有大功親	繼父今不同居
己嫁		
	己嫁	己嫁

述曰右表凡袒免非降者不列省文也爲人後者爲所後者及其親屬服如本支不重列其爲本支親屬服及報統名之曰降亦省文也女嫁亦降服不曰降者别爲人後之降服也女之不析言嫁者嫁不降者也凡五等之服著表者三百八十有八降服袒免又百一十有七其有令文弗備用比類補者則各條疏本格俟達禮者定正焉

孔氏家儀卷四下終

孔氏家儀卷五

凶禮二

初終至既殯

父母疾病男女侍養無晝夜掃除內外必待問疾者既劇徧告於親族謂近親近族 親族皆來會問疾病外凡送終之具未辨者悉商諸所親量為處置既終有服者執喪無服者亦留助其事 病者去褻衣襲新衣棉衣加朝服或公服不服皮裘不服襌袯及絺綌古者恐賓之來男女改服今俗否然亦必衣冠以侍 如在別室必遷於正寢古之疾者必齊居適室今疾革必遷亦所以正其終也惟古者屬纊時廢牀處地今則否 非冢室謂眾弟有嫡長兄當室者 或冢嫡而不當室謂有父祖在 即在其所居之寢既絕禮復者一人以死者上服簪裳於衣左何之扱領於帶升自前東榮中屋北面招以衣曰皋某復三降衣於前受用篋升自阼階以衣尸復者降自後西榮若今招魂矣但今惟未卒時尚有招魂者又與古異 主人啼以下凡眾主人哭踊之節皆如主人 兄弟哭內外皆哭盡哀遷尸於堂中古者病時寢北墉下既終遷尸于南牖下小斂乃徙尸于堂今初終即奠尸于堂既與古異至有將屬纊即舁處中堂者無論檐戶漸迫寒暑易侵非病革者所宜且奄奄微息矣尤而忍輕易動移以速之絕邪愛親者必不惑於俗也 牀北趾古者寢皆南向今寢不必皆南向矣曰北趾者據寢南向者言也以下凡言南北東西之位皆然 前設椅及供案此所謂靈座也案上爇香燃燭朝夕設奠焉古者初終奠在尸東未有席如其生也既殯奠於奧乃有席神之也今初終

奠牀前大斂後奠柩前皆在帷外與古異矣故並設椅主人主婦舅姑之喪家婦主之夫之喪妻主之衆主婦哭之節如主婦就諸尊長前跪啼諸尊長皆撫哭諸父不撫主婦盡哀卑幼者各環向主人及主婦哭亦盡哀主人括髮免徒跣西面衆主人次之主婦髽東面衆主婦及女次之並南上尸南首也柩旁之位亦如之夾牀跪古者親始死去冠徒跣猶笄纚一日乃去笄纚括髮婦人之髽亦然今俗始死卽括髮髽也古括髮之制去笄纚而紒用麻髮者亦去笄纚而露麻紒今括髮者去冠散髮之半紒亦用麻髮者去首飾露麻紒披髮一縷以左右別父母之喪又禮主人此時不免今男女各疊桑皮紙方五寸又邪疊之以麻勒於首俗也非禮也以下主人主婦或言哭或不然未代哭以前總不絕聲子孫以下皆去冠及韈兄弟之子亦如之凡在喪次有服無服者皆易素冠婦女皆去首飾及華麗之服孫以下男子跪主人後婦女跪主婦後並南上父兄坐東序衆子弟坐戶外或堂下並北上衆婦女在西房侍者凡侍者之事如女喪則用女侍者以箸楔齒爲將含恐其口閉急也古者用角柶今無此器可用箸俗有將應含之物早繫於線含之臨時抽去其線者是豫以死待其親不可也以縷綴足使勿辟戾也古禮用燕几御者坐持之古者此時尸尚未著履故綴足用几取其平正今已著履矣可從俗乃覆尸以衾夷衾也古者初死幠用斂衾小斂幠用夷衾今初死卽以夷衾覆之用藍紬方五幅貧者或用紙衾標素紙於大門外男喪在左女喪在右此非古禮疑晉人凶門柏裝卽此類矣式如流蘇凡門皆

懸白（用白布終幅）門戶有對聯者皆覆以白紙（妻子及兄弟之喪則否祖之喪非承重者家但拭去對聯以上三事皆俗之可行者惟有用樂一事則斷不可行夫喪何事也而乃陳鼓吹於大門外張細樂於庭中將以娛尸乎抑以娛賓乎謂娛尸也則喪中之奠器尚素矣何以樂爲謂娛賓也則里人有殯巷不歌矣又何可以樂爲考娛賓之說見於秦時娛尸之事淫於元世雖由來已久然此皆衰季惡風敗禮傷化之莫大者明初用御史高元侃言著之於律十惡不孝條有居父母喪作樂不義條有居妻喪作樂爲八議所不赦我　朝因之重法禁挽頹風意誠厚已令典煌煌疇敢不率孰意弊俗波靡竟甘蹈罪戾而不顧乎今我宗子力矯此習凡我族人宜勉訓行也）帷堂（障尸牀前靈座後帷用白布製稱堂之廣狹）暑月則設冰於尸牀下用盤主人主婦夾牀跪藉以槀

乃治棺（棺木之材世以杉木爲上柏木次之或曰楠木更在油杉之上其製不可太大裁取容尸而已內外皆宜漆漆中宜加磁末不可用灰及粉用急者內不及漆則灌瀝青厚半寸許亦不易朽合瀝青之法每松香一斤春秋入黃蠟三兩香油一兩半夏月減黃蠟一兩香油半兩冬月加黃蠟一兩香油半兩周棺之裏約用松香六七十斤或云此法尚易裂再少入蛤粉乃佳按王制六十歲制七十時制八十月制九十日修唯絞衾冒死而後制家禮摘要見後世人多夭札又有五十歲制之論蓋倉猝必多疎從容乃盡善凡附身者期勿之有悔焉耳矣爲人子者愼毋怠緩推延動輒以豫凶爲諱也）設燎盆於戶外（盆用瓦俗呼爲牢盆者音之訛也）設棚於庭中（或以席或以布）棚中設香案南向其前爲奠位又前爲拜位賓來奠弔子弟陪位在東偏西向北上棚內布席凡拜位皆用白氊有貴者或當事至則爲加紅氊食時執事者饋饌靈座前如生時（檀弓曾子曰始死之奠其餘閣也與又古者自始死至既葬而虞所

奠之物各有節文今皆用家常所饋之食或五簋或六簋或倍之不等主人主婦不親饋各俯伏哭於位主人命

家人詣有司呈報古者士以上有赴於君之禮今之呈報有司雖為官缺然有司代達上聞亦有赴於君之義也又有三年之喪者不得與貢舉故下達青衿之士皆報丁憂起復亦如之若匿喪不報及起復不以時者皆有罰按會典凡匿喪短喪及捏報丁憂者均革職不敘主喪者父母之喪長子主之子之喪父主之妻之喪夫主之婦之喪古禮虞卒哭其夫若子主之祔則舅主之今婦之喪舅通主之兄弟之喪而無後或有後而幼雖大功亦主之主期兄弟之喪推長者主大功兄弟之喪推其宗無宗或在外則亦推長者具

柬俗訃父母之喪用細白柬卑幼之喪用粗白柬訃告於宗族親友曰不孝某等罪孽深重不自

殞滅禍延家嚴某官某府君母之喪則曰家慈某封某太君痛於某年月日以疾終於

正寢距生於某年月日享年若干壽哀此訃聞孤子母喪則稱哀子父母俱亡者則稱孤哀子孫承重者則稱承重孫特列於諸子之前以後凡稱準此按雜記祭稱孝子孝孫喪稱哀子哀孫又相者入告出曰孤某須矣稱哀者乃祝告神之辭而未嘗稱以對賓客稱孤者乃擯者將命之辭而未嘗稱以對几筵當其對几筵於父亦云哀子也其對賓客母喪當何稱禮不言或有疑其亦稱哀子者然未有據也唐開元禮始於祝文有稱孤稱哀之別司馬書儀因之而施於簡牘亦然朱子曰溫公因今俗以別父母之喪不欲混也從之亦無害然猶未聞以孤哀並稱也稱孤哀子者殆又出晚俗矣自哀子專為喪母之稱於是嫡母在有生母之喪俗又避而稱斬哀子

某某泣血稽顙孫以下及五服內親屬皆具名稱頓首拜若妻之喪則曰寒門不幸蹇及判室某封某氏痛於某年月日以疾卒於內寢存年若干歲謹此訃聞不杖期或杖期某抆淚頓首拜據禮父母已沒者當稱稽顙若子之喪則曰蹇及冢子某或第幾子某子婦之喪則曰蹇及冢婦某氏或第幾婦某氏弟之喪則曰蹇及第幾弟某皆曰卒於別室某

服某拔淚頓首拜凡主兄弟之喪者兄弟有子雖幼皆仍首具其子之名賓來哭拜衆子弟陪哭拜主人俯伏哭於位賓入弔主人主人哭稽顙檀弓孔子曰拜而後稽顙頹乎其順也稽顙而後拜頎乎其至也三年之喪吾從其至者賓出主人不送衆子弟代送執事者設含具古者士含用貝今以制錢亦貝之義貴者用珠則古諸侯及大夫之禮也及飯古禮君沐粱大夫沐稷士沐粱先淅米取其潘用鬲煮之以沐尸既沐即以其米含既含復取鬲粥餘米懸於重今頮尸不用潘含則通用粟米飯及盤水手巾於戶外東案南向西上將盥尸執事者奉水及巾進侍者舉衾以巾頮尸面訖執事者受巾退古者浴尸主人皆出戶外以尸褻也今俗尸不浴惟頮面而已故主人不須出古者渜濯棄之於坎巾櫛浴衣亦并埋之以其已經尸用恐人之褻之也今皆不復埋非是又按浴尸所以爲死者致其潔也荀子有云不沐則濡櫛三律而止不浴則濡巾三式而止夫濡巾三式簡略甚矣乃俗并不能惟濡櫛三律而已大非爲死者致潔之道今江浙風俗尚有浴尸者極宜師之若其用香湯浴則又不必耳侍者覆衾將含起帷主人西面跪侍者舉衾去楔退執事者奉飯詣牀東北面跪主人盥手帨手以七取飯實於口右奠一貝於左於中亦如之含訖歸復位跪俯伏哭侍者覆衾執事者奉飯與奠靈座前退古者含用米粥餘米於鬲今用飯奠餘飯於案葬時實於椒以殉又古者含訖襲衣三稱以死者所加新衣既死復去至是始更襲衣今俗不去死衣故含後不更襲下帷夜設燭於堂上古禮君二燭大夫士

一燭所以照饌者也今陳燭於靈座案上及庭中古者用庭燎今即用高燭檠主人主婦守尸牀左右是日親戚
粥主人爲孝子三日不食恐其以毀傷生也各致襚禮親者襚不將命以即陳庶兄弟襚使人以將命於室朋友襚親以進按親者謂大功以上有同財之義也主
人使人宿擯者初喪延賓未有擯者故以衆子弟至是始擇親友之嫻禮儀者延明日以往之賓擇相禮者古者自含斂至葬皆有祝相主人執其事
取其習於禮也昔周監二代故士喪禮兼用夏商之祝今闕里廟庭有禮生喪家多延以相禮然惟司通贊引贊序次祭奠之儀節而已明日朝哭未大斂以前惟朝夕哭既成服
乃有朝夕奠畢陳小斂衾一衾約方七尺或五六尺緞需三幅紬需五幅皆有裏裝棉其色古者君以錦大夫以縞士以緇今無定制絞四橫者三長五尺
析其兩末各爲三縱者一長丈有三尺析其兩末各爲兩用白絹或布俗多不用縱者帶一小斂時用以舉尸者舉尸以布帶不以手嫌褻事者褻也凡舉尸用布帶三此陳六者以三帶舉
尸其三帶置絞下斂訖不去以備大斂再舉尸也故大斂時惟陳帶三斂時以置絞下備舉尸入棺亦然若初襲時已施三帶於牀即此時亦止陳三帶帶各用布廣幅長七尺疊成條廣二寸
於戶外東案南向西上來襚者之物次之陳而不用將斂執事者移供案
於戶內東西向設饌訖起帷設斂牀於夷牀西出奉帶絞衾以次
入主人與執事者進帶三舉尸遷於斂牀主人哭踊執事者施帶
三於夷牀次布絞橫者在下縱者在上衾衾邪布於絞上蓋方六尺之衾邪布之上下兩角得長八尺四寸有奇乃足掩覆首足也訖復舉
尸奠其上主人哭踊執事者去帶掩衾古者既襲以冒韜尸冒作兩囊上曰質下曰殺所以掩其形恐爲人所惡也案

既不用冒衾復露首又斂時恐死者有穢氣以酒濕紙覆尸面若是者皆非也夫鑿巾以飯記稱譏之況以紙覆面之褻乎今縱不用冒若掩衾韜首而後結絞則穢氣不出孝子可無惡其親之嫌復古禮而救非禮不亦善乎

結絞先縱結後橫結並作死結喪大記所謂結絞不紐也

訖主人哭踊無算執事者仍以衾覆尸退主人坐執事者徹斂牀出仍移案於尸牀前下帷古者卒斂徹帷謂親之已飾也今斂則徹帷取於使事卒復帷堂蔽內外

是日食時饋饌如昨始代哭孝子始有親喪悲哀憔悴禮防其以死傷生故使之更哭不絕聲而已古者君代哭以官大夫可參以官士賤乃不以官以親疏爲之今通以親屬及媵僕

夜設燭如昨又明日質明陳

大斂古者既小斂復大斂固所以藏其親之形亦爲結束使堅緻也今俗多廢大斂非是又禮三日大斂俗有謂當暑月恐或有穢氣爲人所惡勸人子云未可拘此禮者尤非禮記問喪篇曰孝子親死悲哀志懣故匍匐而哭之若將復生然安可得奪而斂之也故曰三日而后斂者以俟其生也三日而不生亦不生矣孝子之心亦益衰矣家室之計衣服之具亦可以成矣親戚之遠者亦可以至矣是以聖人爲之斷決以三日爲之禮制也此孝子之情也按三日大斂者乃三日之質明其實裁兩日耳若卒在下晝或既夜則又裁日半耳何至遂有穢氣不可當昔齊桓公蟲藉厥尸禍與公子晉共君臭溢於戶咎在夷吾彼不惟閱日已久抑亦死者實飲恨也苟生者莫或遺之缺憾又近在旦晚之間可信萬無慮此柰何妄議廢禮忍於奪孝子之情孝子又何忍自奪其情汲汲焉惟恐斂之不早乎今公侯大夫遍用士禮已嫌其遲以爲不可則古禮諸侯五日而殯者當何如乎每見暴疾而卒者棺不辦原未嘗無遲至四日而斂者苟幸有備矣遂藉口於防他人之憎我親而速斂乎如此是送終大事全不能自致其情不哀諸禮惟視事力之辦集與否而自爲之斷制矣惡乎可敢告執喪者決宜依禮以三日大斂爲正

衾一制與小斂同

絞十二制亦與小斂同惟每衾橫者各五縱者各一爲異縱橫凡十有二也

帶二如小斂衣次之每套爲稱禮大斂陳襚衣

氏家儀卷五　初終至既殯　四

三十稱不盡用今遵會典定制通用五稱不以褻衣來襚者之衣服又次之衣不足則用足則不必用也陳棺於庭中稍西南首其西仰塵仰塵舊用木版厚半寸塗以粉貼錢七枚又小鏡一具當尸面加此版於棺口上乃加蓋俗謂之七星版然版薄易朽朽則有鏡壓之慮故汾等弟兄爲太夫人製壽器用裌紬仰塵並面纏裹不用七星版別增楠木鏤空花版一層承茵下又其西蓋並庋以凳南首棺中應納之物謂枕茵及石灰松柏末木枕燈草子棉之類茵用錦或緞或紬或布首廣趾狹與棺相稱枕用素紬或布方幅邪縫中大兩銳如雞形俗謂之雞鳴枕中實以燈草或棉有實以麥麩者易生蛀蟲斷乎不可棺內鋪石灰必得陳者乃佳取其去烈性不致蘊蒸也上加松柏末者亦取其除濕之故余家舊兼用松香末或云木炭屑亦佳此上再隔以木版一層乃加茵則炭末等物不親體矣木枕者削方木如枕形用紙包裹襯枕旁及足之左右其尸旁有小隙處以燈草束及子棉塞之皆所以穩尸也或曰棉子生蟲亦不可用又在其西案東向北上將斂執事者移供案於尸內東設饌施斂牀如小斂出奉帶絞衾襚衣以次入主人與執事者舉尸遷於斂牀主人哭踊執事者施三帶於夷牀布絞衾再布絞衾乃布襚衣公服不倒禮祭服不倒其餘衣服並得倒者衣有袖必倒鋪乃可上下厚薄相稱且尸上豐下銳亦必稱之使適均乃可斂於棺今人或恐衣鋪衾中不得勻遂既斂尸入棺乃加衣覆衾外殊有未協蓋衣必鋪衾中則斂者愈厚乃於死者有益也訖復舉尸寘其上主人哭踊執事者去帶掩衣及衾結絞再掩衾結絞訖徹斂牀出遷夷牀於稍西爲棺將入奠於此主人哭踊

無算時執事者鋪陳棺中畢主人出詣棺次止哭臨棺省視諸皆周備無有悔者哭入反位西面立役者舁棺入主人止哭奠棺於堂中度以凳役者退執事者奉尸入棺主人哭踊執事者去帶徹衷牀出主人以下西面主婦以下東面憑棺哭踊執事者加衷衾（即初死覆尸之衾也古者衷衾覆棺外今納棺中）乃蓋主人以下皆跪匠人下釘（男棺釘左女棺釘右）主人興踊無算內外皆哭盡哀主人主婦對諸尊長前哭及諸尊長諸卑幼相弔哭如初終時乃拜賓（禮不拜棺中之賜）主人返柩旁坐執事者移棨於柩前下帷設明旌（男柩建左女柩建右今或於居中當靈座後記曰以死者爲不可別已故以其旗識之愛之斯錄之矣士喪禮爲銘各以其物亡則以緇長半幅赬末長終幅廣三寸書銘於末曰某氏某之柩竹杠長三尺置於宇西階上按周禮九旗日月爲常交龍爲旂通帛爲旜雜帛爲物王建大常諸侯建旂孤卿建旜大夫士建物以其旗識之故士以物也開元禮爲銘以絳充廣幅三品以上長九尺四品五品長八尺六品以下長六尺今明旌從開元之度也）旌題曰清故某封某官孔某字某行幾之柩（婦人之喪題曰清故某官孔字某元配或繼配某氏字某行幾之柩）書以粉置杠纏於西序（木杠二長丈圍尺麻繩二長三丈圍三寸杠繩並用白布包裹古禮君殯用輴屬綍以備火災士禮惟升棺用拱軸不言禦災之備今輴軸之制廢矣舁棺及葬日升轝皆用繩杠繩即所謂

紼也旣殯置於序以備火災及葬卽以爲引庭中置器畜水亦以備火也是日朝夕哭如初夜主人出居於廬倚廬在中門外之東地狹不能設倚廬者別以樸室爲喪次寢苫枕塊不處牀第主婦別居於他室古禮殯於阼階掘肂埋棺尸斂於棺蓋而塗之今殯者棺露奠於堂中主婦可居別室主人自當居守未可拘居廬之禮然則居廬者其當於葬後乎又舊俗以三日之夕喪家張幄次於大門外設位陳奠親友皆致酒殽拜奠已陳紙偶輿馬之類焚於路謂之送魂今此俗差廢矣四日成服而後朝奠禮三日成服實死之四日記所謂生與來日是也今變言四日者俗易曉耳喪服陳於東序主人朝哭畢贊者引就東序著衰麻扶杖就位哭五服之人各服其服古禮小功以下聞喪後至者與主人皆成服大功必依禮滿其麻帶絰之日數而後成服今五服之人皆於四日同主人成服無服者素冠縞衣各就位卽初終時堂上堂下之位也哭內外皆哭盡哀主人主婦對諸尊長前跪哭諸尊長及卑幼相弔哭如大斂時主人主婦反柩前復哭盡哀哀止乃設重記曰重主道也始死未作主假以依神也古者諸侯七尺大夫五尺士三尺置於庭中三分庭一在南開元禮三品以上長八尺四品五品七尺六品以下六尺今無定制通高五尺廣七寸厚五分但古者重無題識初終卽設今用粉版墨書至死之四日乃設設在門庭俗又謂之門牌疑其雖名爲重實以表喪如啓殯時之門標非古人設重之本義也重題曰清故某封某官顯考某府君享年若干歲旁識曰生於某年月日時卒於某年月日時執事者

奉重安於大門內之庭贊者引主人詣重前鞠躬四拜興入設魂帛時魂帛結成陳於他室 魂帛亦主道也禮始死設重虞而作主大夫無主者乃束帛依神自唐以後士庶之家多束帛依神不復設重今兼用之雖未盡合禮然魂帛設於殯宮重設於門庭死者魂無所不之如其在室如其在門人子之心髣髴其萬或在焉亦俗禮之合於情者也今魂帛以素綾竟匹長疊之廣寸交互作結上出爲首旁出若兩耳中出若兩手下垂其餘若兩足然汾謂魂帛本以依神必會結作人形似失之愚首足之形具而倮焉亦嫌於褻不若設束帛或匹練勿會結爲安 載以箧藉以襆奠於案贊者引主人就魂帛前鞠躬四拜跪執事者跪奉魂帛興主人俯伏興送至靈座前跪執事者奉安魂帛於椅退主人俯伏興遂朝奠主婦以下就帷中位俯伏哭主人出盥手就位哭主人位在中階衆主人之位在其後衆子弟位在東階西上衆賓位在西階東上皆北面諸尊長位在東序北上 後凡哭奠之位皆視此凡奠尊長不拜間有主喪者因賓來與祭奠就東階西面陪拜者敬賓也 引贊在主人右面左對引在主人左面右鳴贊立東階下西面司香者立香案前西面司盥洗者立棚外東偏在洗後西面衆各就位訖主人詣香案前跪衆皆跪執事者跪進香主

丘氏家禮儀節卷五 初終至既殯 八

人焚香取酒揖舉（酒徧奠於几）復奠几上俯伏哀衆皆俯伏哀哀止興主人復位主人及衆皆鞠躬再拜興禮畢主人拜賓賓退主人入於次主婦以下出帷詣靈座前拜興退（夕奠時主婦先行禮）食時饋饌如初（士喪記燕養饋羞湯沐之饌如他日朔月若薦新則不饋於下室今之昕晡上食殆卽古人下室之饋也惟未葬饋於柩前既葬饋於神主前爲與古異耳）主人始歠粥有賓來拜奠衆子弟陪拜主人俯伏柩旁哭賓拜訖主人出拜賓若賓入弔主人主人哭稽顙親者（謂五服以內）致奠（哭奠之儀略如賓見凶禮七）衆子弟不陪位奠畢不弔主人主人拜於位將夕贊者引主人出盥洗就位衆子弟衆賓皆就位主人詣香案前跪衆皆跪主人焚香奠酒俯伏哀衆皆俯伏哀哀止興主人復位主人及衆皆鞠躬再拜興主人詣靈座前跪衆皆跪執事者奉魂帛興主人俯伏興衆皆俯伏興主人隨執事者恭奉魂帛藏於室（藏魂帛卽於正寢之室室中供張如生時）主人跪執事者恭安魂帛於牀訖俯伏興出復位禮畢主人拜賓賓退主人入次執事

者徹重奉置柩旁明日夙興執事者奉設重於門庭贊者引主人出盥洗就位眾子弟眾賓皆就位主人入請魂帛詣魂帛室跪執事者跪奉魂帛興主人俯伏興隨執事者奉詣靈座前主人跪眾皆跪安魂帛訖主人俯伏興眾皆俯伏興主人出復位行朝奠禮如昨自是每日皆朝夕奠（朝奠日出夕奠逮日）月朔月半則殷奠（謂視常奠加饌并薦新也士喪禮月半不殷奠故唐制五品以上乃有月半之奠今或通舉之僭也）其日夙興具饌於戶外西案上主人就位將奠酒執事者奉饌跪設於靈座前興退主人乃詣香案前焚香奠酒如上儀訖行四拜禮退夕亦如之時節（如元旦清明端陽中秋重陽冬至除夕之類）亦如之七七（此近釋教非古也自唐宋有之孔氏之喪不修佛事而陳七七之奠蓋沿舊俗而未及深考者也今以其不設齋醮既異佛法且可附於易七日來復之義哭奠不已亦孝子不忘其親之意故存其節目焉）及百日（百日之奠始於唐開元禮謂之百日卒哭朱子曰以葬不如期爲此權制王公而下皆以百日爲斷殊失禮意若古者士踰月而葬葬而虞虞而卒哭自有日數但今人事力不辦自不能及此期耳若過期未葬自不當卒哭按今葬後卒哭而百日猶相沿致奠亦非）皆於日中加奠其日晨食時饋饌訖設酒尊一於戶外東勺北柄加冪案西向食案一於

戶外西東向陳饌一炙肝一炙肉一炙魚一皆佐以羹祝案在棚内西偏南向洗在棚外東南罍水在其北勺北柄案西向爵二列罍前北上又爵一預實酒奠香案前羊俎一在香案左豕俎一在香案右皆北首祭案在棚之東西序相向祭品用蒸食爐食五穀腥殽菜果水陸珍羞之類舊俗陳祭品少者十餘盤多者至六十餘盤不等約四盤爲一案案之數目隨品之多寡竊謂禮祭有定品以分不可踰所以示節也伏查會典載祭席數目公十五席一品十席二品八席三品六席四品五席五品四席六品以下三席庶人二席宜遵會典所載席數以每案四盤計之公用六十盤一品四十盤二品三十二盤三品二十四盤四品二十盤五品十六盤六品以下十二盤庶人八盤始不至於踰制

燎位在棚外西南隅東向日中將奠主婦以下詣靈座前上香拜興就帷内位俯伏哭凡奠準此執事者各司其事贊者引主人出次就位哭衆子弟衆賓皆就位執事者瘞毛血迎神主人詣盥洗所盥手訖詣香案前跪衆皆跪執事者西向跪進香主人焚香執事者興退主人奠酒俯伏興衆皆俯伏興主人復位執事者設饌訖參神主人及衆皆鞠躬四拜興行初獻禮主人詣盥洗所洗爵訖詣

酒尊所司尊者舉冪酌酒詣靈座前跪衆皆跪司爵者跪進爵主人受爵拱舉復授司爵者司爵者受興恭奠案上退內外皆止哀祝北面跪主人左讀如係尊者主喪祝文用尊者之辭則立讀祝文曰維年月日孤子某等母之喪稱哀子已見前妻之喪則曰夫某卒哀子某等凡奠準此敢哭奠於顯考某府君之靈母曰某封某太君之靈妻曰妻某封某氏之靈曰日月不居奄及首七他七則曰奄及幾七百日則曰奄及百日叩地號天五情糜潰妻則曰夙夜神傷不遑寧處謹以羊豕庶羞用薦家食尚饗讀訖內外舉哀祝奉祝文安案上東北面俯伏興退主人俯伏哀衆皆俯伏哀主人興衆哀止興主人復位行亞獻禮如初獻行終獻禮如亞獻三獻畢主人及衆皆退位侑食贊者引侑食者至靈座前侑食凡三畢執事者點茶闔戶少頃祝戶外北面噫歆啓戶祝階下西面告利成主人及衆皆復位執事者徹饌退禮喪中奠而不祭既葬而返始以虞易奠奠者停也先所奠者停至再奠乃徹不類下室之饋進徹惟頃也今喪奠皆旋設之而旋徹之似非禮意送神主人及衆皆鞠躬四拜興祝恭奉祝文詣燎位主

入望燎畢復位禮畢主人拜賓賓出主婦以下復詣靈位前拜興退主人出拜賓於客次俗於奠後遂款賓爲次非燕會之地惟賓有自遠至者飯固不能缺耳又俗於三七有爲主人開齋一事則大不可君子之愛人也以德原不在區區餔歠之間況爲主人開齋者非諸父卽諸昆也諸父諸昆之於亡者非周親卽功緦之親也禮朞之喪不食菜果大功不食醯醬小功緦麻不飲醴酒是己方不忍餔歠而暇停哀而勸主人乎卽親戚中若母之昆弟姑之夫於亡者或無服亦不便奪孝子之情而處以非禮胡乃競致盛饌陳於喪側比夕奠已長者延主人就席勸之飲食以爲盡情主人對席哭泣終不食以爲盡禮居尸之閒號者號而勸者勸是何禮邪近日此俗小變但各致飲饌不復親勸主人蓋亦羣知其非徒以爲此飲食之事若或缺之則跡疑於吝故欲已而不能遽已也汾謂如此等事直毅然以禮斷之可矣何恤乎人言

若蒙

恩諭祭其日陳黃案一於廳事正中南向香案一在其前神案一於西序東向香案一在其前祭案及俎在其左右祭案之數視祭品之秩燎爐在庭中西南隅祭之日主人喪服告於靈座前鞠躬四拜興詣魂帛室跪執事者跪奉畫像今受　諭祭者多畫工像乃臣子不敢偕對其君之義也興主人俯伏興出詣廳事西序案前跪執事者奉懸訖主人俯伏興退母妻之喪惟設位不懸像使者至主人吉冠素服及其父兄子弟跪迎於大門外使者齎

諭祭文入陳堂中黃案上執事者布香帛祭品於各案使者就黃案
左西面立主人及族屬入序立西階下東面地方文武官員入序
立東階下西面地方官先列班行三跪九叩頭禮興退原位立次
主人及族屬列班行三跪九叩頭禮興退原位立使者恭展
諭祭文主人升堂詣黃案前北面跪使者奉
諭祭文授主人主人受興奉安西序香案上讀文者次詣黃案前北
面跪使者以謄黃授讀文者讀文者受興奉詣黃案右南面立俟
主人以下就香案前西面鞠躬四拜興退立香案右北面西上使
者詣香案前西面立主人以下跪執事者跪進香使者焚香主人
以下一叩頭執事者跪進爵使者受爵酹酒復以爵授執事者執
事者受興退凡三使者每酹酒主人以下一叩頭使者復位讀文
者恭讀訖主人以下興讀文者恭奉謄黃執事者恭奉香帛由中

階降同焚於燎所主人以下復詣香案前西面鞠躬四拜興出庭
中望
闕行三跪九叩頭禮興退西階下東面序立使者返主人拜送於門
外入更喪服就像前跪恭徹像訖俯伏興恭奉像詣魂帛室跪藏
訖俯伏興退如使者有私奠主人亦吉冠素服陪位使者拜畢主
人拜使者使者答拜主人反喪服事訖設奠如殷奠如
特旨遣大臣奠茶酒準上儀凡吉祭不舉詳見吉禮一凡親友有吉事則不
與有贈遺辭不敢受家有慶則不舉若有父母喪不敢為祖父慶之類亦不敢凶服宗
子居喪當嗣封則朝服受封爵訖釋朝服反喪服哭奠於靈座前
如殷奠及
勅書至朝服郊迎拜受訖釋朝服反喪服哭奠亦如之他有
詔旨則朝服受命釋朝服反喪服不行奠禮

述曰記曰未葬讀喪禮既葬讀祭禮非始讀也慎重也讀禮曷言乎慎重蓋學者習禮有素萬不至以隕越貽羞然孝子之心則有所不敢自信者謂倥傯之際苟於禮稍忽焉即於心有歉也乃末俗談及喪禮輒以凶爲諱意若謂此非當讀禮之時夫亦思人孰無父母兄弟妻子也者有父母兄弟妻子即孰無臨喪之時也者奠楹卜兆之事或可從容講求若夫含斂正當哀痛急遽時其不至草率從事者幾希矣一刻之歉終天之恨尚可追乎況古人之明禮過今人遠矣尚加意於臨時今人之明禮遜古人亦遠矣并不能預求於平日噫抑何愚邪吾故曰記曰未葬讀喪禮既葬讀祭禮非始讀也慎重也

孔氏家儀卷五終

孔氏家儀卷之六

凶禮三

葬

旣殯遂漆棺 棺木雖佳漆愈經久漆內用灰不如用細磁末布麻不如布絲絮也漆宜薄而次數多則堅緻矣厚施糙漆已乃髹以光漆按會典定制公彩棺五品以上朱棺餘皆素棺

漆已題棺之前梂如明旌書以金棺外加衣 古者幠用夷衾今用衣或以紵絲或以紬或以布

治椁及明器 椁材以白柏爲上髹漆如棺古者棺椁之間君容柷大夫容壺士容甒爲藏明器地今於壙外别爲池藏明器則椁不須大裁取容棺而已明器者用器役器燕器祭器之屬詳後注

卜葬地 禮祔葬者不築宅謂久爲葬域必地之爽塏者且昭穆有定位也今或每葬必更相度其地甚非

諏葬日 惟取吉日毋惑邪說

乃穿土治壙 壙或以磚或以石視人子之財力苟財力有餘石壙之外再用朱子灰和沙之法築之更妙石壙較磚壙固爲堅固但湊合處難免罅縫卽可滲入濕氣或爲樹根迸坼若以灰沙包築久之相乳入囫圇無縫矣但灰內不可和土其外四周宜實以炭末朱子云炭是死物無情樹根遇炭皆生轉去黃泥久之亦能引深樹根也朱子法灰沙在壙內令壙內狹隘難於施築可築於壙外其築之之法穿穴時須比壙石周外皆廣二尺餘令可容人於一尺之界安長木版厚二寸廣五六寸其長各較壙餘二尺五六寸令四角彼此相接每版加大鐵環二三枚版內築灰沙版外仍築黃土每築一版畢提版起實炭末於版槽內築實仍界以版加築如初但加炭末時須仔細不可令粘所築灰上恐見炭末則再築時不復能比合矣如此築至平壙口及封壙後上面再加築灰沙十版計每版鋪灰沙厚二寸築實可得一寸十版之厚共得一尺與四周相等其上加炭末五六寸亦令與四周等用灰之法前三四日取上好成塊石灰用

水灑之令化篩出細者另貯聽用其粗者再灑水過篩總不留稍粗者若人力有餘能旋灑化旋築更妙用灰數目隨壙之大小每立方一尺和沙築實約需三十斤仍須額外多備以販者多詐未必塊塊皆能篩成細灰也炭末每立方五寸約需四斤八兩碾成細末聽用用灰之法不可太燥燥則不粘不可太濕濕則氣散臨時須以少水灑之拌勻用手輕捏成團重捏即散為度篩沙則用其大者築時沙二分灰一分拌勻鋪平版槽先以脚躧實然後用木槌輕築以漸而重槌忌太重重則剝灰用槌之法以人多為妙且行且築須槌跡粘連一路周而復始此築下一半便抽版加炭末訖更下新灰不可停久久則恐上下或不相粘人須更番代替不得歇手一日不完則連夜築之期於打成一片其面上一層不妨少厚須築至極堅灰面發光槌響作金石聲而止此法魏禧灰椁紀事言之甚詳今參用其說著於篇

將穿土主人素服禮於后土鞠躬四拜興乃破土掘四隅外其壤掘中左右其壤古者掘中南其壤為首之在北也今以壙首既不可以積壤而窆時由趾又恐不便於行故左右其壤

主人辨其土色及燥濕乃定宅下壙具幣及行狀狀者貌也所以貌其人之行實也古者行狀上於有司有司據以定謚立傳今特投於親友徵墓誌哀誄而已然苟無大行可錄飾虛詞以誣其先人不足貴也行狀填諱請父執或長親或位高者

請名手作墓誌誌生卒本末及葬之年月

須求主木禮虞主用桑練主用栗今小祥不更造主虞主即用栗木

既得材主人親往素冠素服俗以造主為吉禮之始故暫釋衰麻而易素服凡左右之人有事於主者悉以吉服從事焉

鞠躬四拜興斫其巨枝之東南向者大小稱材奉歸曝乾比葬卜日造主主高尺有二寸博三寸厚寸有二分剡上五分為圓首寸之下勒前為頷而判之一居前二居後中刻陷長八寸寬一寸深四分竅其旁及下通陷中趺方四寸高寸有二分主內外及趺皆塗以粉按今造主猶用周尺周尺一尺當今尺六寸四分

題曰顯

考某封某官某府君神主（妣則曰顯妣某封元配或繼配某太君神主府君太君皆唐宋之官封也朱子家禮舉之以爲例耳後人習而不察竟成考妣之稱謬矣）旁書孝子某奉祀（孫承重者則曰孝孫某奉祀）陷中題曰清故某封某官孔子幾十幾代孫名某字某行幾神主（妣則曰清故某封孔字某元配或繼配某氏字某行幾）左書生於某年月日時下書葬年若干歲右書卒於某年月日時下書葬祖墓何方（爲妻立主粉面題曰亡室元配或繼配某氏神主爲子題曰家男某或第幾男某神主爲子婦題曰家婦或第幾婦元配或繼配某氏神主旁不書其子奉祀陷中並與上同按雜記附於殤稱陽童某甫不名神也則爲子立主者粉面宜書字不得書名）具書幣戒點主（於理宜爲題主今俗通行點主）及祀后土

賓皆拜於其門乃告窆期於親族朋友曰先考某封某官某府君柩在殯前承光賁存歿均感今卜於某年月日歸葬祖塋之次預於某日啓殯哀此報聞（卑幼之喪曰謹此報聞）標於大門（用帛或布長丈有八尺男喪在左女喪在右）曰清故某封某官先考某府君柩擇於某年月日時發引安葬祖塋之次孤子某泣血謹白（餘喪準此）庭中設棚門皆懸白如初陳棺罩（古者棺飾在旁曰帷在上曰荒今統謂之罩會典定制公用五彩裝花青藍等緞二品以上用銷金青藍緞三品以下用青藍雲緞六品以下用青素緞九品以下及生監用青綢庶民用青布違制增華者非）功

布 熟布也古者祝入則用以接神拂柩則用以去塵御柩則以抑揚左右之節示道路之傾虧低仰焉今功布長三尺廣幅揭於竿竿高七尺

翣 大扇也如扇而上侈兩角夾輔柳車者高尺廣尺柄長八尺皆粉地黼翣畫黼黻翣畫雲氣黼黻黝畫雲紫古禮諸侯六翣大夫四翣唐制三品以上六翣四品四翣今無定制準古用之

干戈 方相所執者周禮方相氏掌蒙熊皮黃金四目玄衣朱裳執戈揚盾大喪先匶及墓入壙以戈擊四隅毆方良今惟仕宦有之用四人

魂帛亭 載魂帛箱者

影樓 懸畫像者畫像由來舊矣先儒論者輒以爲瀆二氏之教則未免太嚴竊以爲人子見像如見先人非爲不可但必須擇善手摹之使形神畢肖乃可不然寧已程子有云髭髮不當則所祭已是別人大不便也

重輿 舁重者

告身亭

上服亭 上服謂朝服公服

恩賜亭 謂歷仕所受蒙賜物

諭祭者有祭文亭 自告身以下皆所以爲死者榮也

賵儀亭 用束帛玄六纁四如古禮

苞筲亭 苞二實遣奠之脯者筲三實黍稷麥甕二實醯醢屑屑者桂與薑也甒二實醴酒

明器亭 古禮有用器謂弓矢耒耜敦杅槃匜也有役器謂甲胄干笮也有燕器謂杖笠翣也有樂器琴瑟縣磬也昔先聖有曰竹不成用瓦不成味木不成斵琴瑟張而不平竽笙備而不和有鍾磬而無簨虡其曰明器神明之也鄭康成注周禮云凡爲神偶衣物必沽而小唐制三品以上初用九十事後減爲七十事五品以上初用七十事後減爲四十事九品以上初用四十事後減爲二十事庶人定十五事宋制四品以上五十事六品以上三十事九品以上二十事庶人十事明因之今會典不載俗參用唐宋舊制又益以儀衛芻靈形制殊小頗合鄭說但唐制明器以素瓦爲之令並陳墓所不得於路舁行今每失於工緻又與賵儀並雜遺車未能盡如唐制之善也

下帳亭 謂牀帳几席象生平所用而小亦明器中之用器也

祭案亭 古者大夫以上葬用祭器此其意也數皆以五實果核菹醢之屬

食案亭 陳果脯之類及墓奠於壙前不以朐

香亭（在途焚香者）於廳事將啓殯先期宿與奠者曰先考某府君將歸葬先塋謹卜某日啓殯哭奠柩前大禮未諳敬邀指教屆期伏冀光臨不勝哀感之至宿擯者相禮者如初啓殯之日（在葬前或三日或五日多至七日）夙興執事者恭設重主人朝奠有賓來致奠對之如初親者致奠亦如初日中奠告啓殯（俗謂之堂祭）如初終逢七之加奠（祭品儀注見凶禮二）告文曰維年月日孤子某等哭奠於顯考某府君靈位前曰將以某日恭奉靈柩安葬先塋卜宅筮期胥協元吉謹因啓塗哀薦殷奠尚饗發引之前一日主人使人再宿點主及祀土賓是日陳轝隮處遂演轝（轝即古之柳車也今用肩舁故無鷹馬之禮先事而演習者愼重也）晡時奉魂帛朝於祖（像生者之出必告也無祖廟有禰廟或妣廟者則朝禰或朝妣惟未立廟者不舉此禮按古者奉柩先適禰次適祖遂遷柩於祖今不遷柩奉魂帛行事）主人盥手就靈座前跪衆子弟皆就位跪衆父兄皆就位立主人焚香奠酒祝跪告曰明日發引永別家室請朝於祖（若朝禰或朝妣則各從其稱）執事者跪奉魂帛興主人俯伏興衆

皆俯伏興明旌前導魂帛出主人哭從衆父兄子弟哭從詣祠堂執事者奉魂帛至戶外北面跪主人及衆皆跪俯伏興奉魂帛返主人及衆哭從返主人至靈座前跪衆皆跪執事者跪安魂帛訖主人俯伏興衆皆俯伏興哀止禮畢遂祖奠設奠訖執事者各司其事主人就位衆子弟皆就位哀哀止執事者設饌主人及衆鞠躬四拜興主人詣盥洗所盥手訖詣靈座前跪衆皆跪主人焚香奠酒祝跪讀告文曰永遷之禮靈辰不留今餝祥車式遵祖道尙饗讀畢奉安案上俯伏興退主人俯伏衆皆俯伏哀主人興衆哀止興主人復位執事者徹饌主人及衆大哀大哀者且拜且哀鞠躬四拜興哀止焚告文禮畢賓來拜辭衆子弟陪拜既夕奠實含餘飯於瓶飯不足益以新飯及夕奠之脯醢羃以疏布俗或蒸麵餅羃之附置於苞筲亭內埋其椀按古禮埋椀爲尸用也椀本不須埋但舊俗陳椀於案俟明日啓柩時男巫先以刀斷桃茢遂劈椀舁者應聲而起謂之斬靈夫喪誠凶事若如此作爲是惡親喪矣且靈而可斬乎埋之爲愈也徹棚恐妨柩出

也如庭宇寬廣不撤亦可俗或以喪棚不去爲凶者非　明日朝奠畢陳轝於大門外轝夫詣靈座前叩頭退此亦古禮薦馬之意設香案陳三牲於轝前主人出祝轝就位鞠躬再拜興詣香案前跪執事者跪進香主人焚香執事者進酒主人三酹酒執事者受爵興退祝跪讀告文曰維年月日孤子某昭告於轝神曰欽車既駕式遵王路惟神祐之無俾驚怖謹告讀畢主人俯伏興復位鞠躬再拜興焚告文禮畢遂祭門及路子弟服輕者代行禮以接神不宜凶服故也公有官屬則屬僚代　如祭轝之儀祭門神祝文曰維年月日銜名敢昭告於門神曰惟神德體陰陽功參翕闢茲以某親某之柩將以今日發引敢具牲齊用伸虔告謹告祭路神祝文曰惟神司命中逵無偏無黨茲以某親某之柩將以今日發引敢具牲醴乞靈明神仰冀洪威驅除魍魎謹告祭門路神畢舊俗糊紙耗神長丈餘左持戟右持印置於郊外將發引使人往祭畢兵士二人踣而焚之取其戟印以歸發引時在途前導此躐祭也兼有方相倛頭祓除不祥之意今既用方相則此爲重複且耗神不經不如致祭路神爲得體詣靈

座前行遣奠禮陳二苞於戶外東南肆主人就位皆就位哀哀止執事者陳脯訖主人及眾鞠躬四拜興主人詣盥洗所盥手訖詣靈座前跪眾皆跪主人焚香奠酒祝跪讀告文曰靈輀既駕往即幽宅載陳遣禮永訣終天（妻之喪則曰永隔九泉）尚饗讀畢奉安案上俯伏興退主人俯伏眾皆俯伏哀主人興眾哀止興主人復位執事者奉苞進納脯訖（禮實苞不以魚腊以非正牲也今或闌入雜品更兼納茶葅非）奉出置亭內主人及眾大哀鞠躬四拜興哀止焚告文禮畢（古禮書賵於方書遣於策既遣奠而讀賵書賵之方若今門簿矣書遣之策若今喪儀簿矣曾子譏讀賵謂再告非古然讀固不必若潦草登載亦覺率略宜因遣奠陳靈座前以示鄭重）

主人詣神主前跪執事者跪請神主興主人俯伏興隨出詣輀前跪恭安訖主人俯伏興鞠躬四拜興退以次安重於輿懸像於樓載魂帛於亭亦如之主人入柩旁俯伏哭俟執事者布行序親友輓言在前（俗或於前陳紙扎偶輿馬宝宇人物謂之路儀及墓既窆焚之非禮也宜革）次儀衛次黃亭（謂告身以下等亭）次明器次下帳次苞筲次祭案次贈儀次行

棚備親友路祭設拜位者以布爲方棚廣丈施四柱人持以行四隅各屬以繩曳之以防傾側次香亭次食案次主轎次影樓
次重輿次魂帛亭次方相以巫爲之次鑾後施行幕白布爲幕人持之蔽孝婦及諸女眷者執事
者布行序訖徹帷執功布者古禮以祝今卽以役夫之長執之抑揚左右以示舁者抃擊鑼爲行止之節導輓者輓紼
者也屬鑾前者曰紼鑾旁者曰披在途曰引古禮諸侯四紼執引者五百人司馬執鐸左右各八人大夫二紼執引者三百人執鐸者左右各四人歷代因革品官執紼者猶數十人今無定制俗
裁用十六人四人持蓋四人擎燭八人執鐸皆童子縞衣教令歌薤露之歌謂之輓童入殯宮夾階相向立舁者入奉杠
會繩夾柩立主人就位鞠躬四拜跪祝跪告曰今當發引謹奉柩
升鑾告畢內外舉哀祝興役者舁柩起主人俯伏興在柩前行左
右捧燎盆從親屬服輕者在前服重者在後並先主人行明旌在
柩前輓者引柩執功布翣者夾柩主婦以下隨柩行服重者在前
服輕者在後柩出大門外主婦以下歸行幕主人就鑾前向柩跪
舁者恭奉柩升鑾去繩杠加棺衣以繩維柩於鑾加罩訖執紼者
引執披者曳執翣者夾鑾左右遂啓行主人毀燎盆此俗近野然萬不能變且毀燎盆惟

嫡長爲後者乃得從事存之志俗亦見重嫡之義焉俯伏興主人及衆父兄子弟行次如初路有奠者衆子弟陪拜於道左主人俯伏哭不拜賓路遠者每舍奠爲如夕奠之儀明日朝奠而後啓行墓所預納椁於壙中壙上覆以席椁蓋陳壙西南卽壙上爲棚無障前爲停靈棚左右有障又前爲拜棚無障又前爲墓門壙後爲内棚有障門外棚二左爲點主次右爲祀土更衣次其後皆有棚次款賓又左右爲衆賓次民方爲后土棚陳香案尊俎罍洗各以位他應用棚次各隨宜量置是日質明主人使人速點主祀土賓賓先詣墓所就次擯者延接如常儀柩至塋外暫駐轝主人詣祀土賓次鞠躬再拜請賓詣拜主人退賓適次更衣盥手簽名訖祝版空名賓自書讀祝者恭奉祝文詣后土神案西北面立賓詣后土棚就位鞠躬再拜興詣香案前跪執事者西面跪進香賓焚香執事者興退又二執事者西面進酒賓三酹

酒執事者以次受餕興各退祝跪讀告文曰維年月日某官某致昭告於后土之神曰惟神神坤輿載物德厚無疆今以某官某（女喪曰某封某氏）窆玆宅兆（如合葬改曰合葬玆兆）乞靈明神永惟祐護毋俾後艱謹具牲齊祇薦祀事尚饗讀畢安告文於案上東北面俯伏興退賓俯伏興復位執事者再拜興焚告文禮畢（古禮既復土有司乃祭於墓左）賓還次主人乃奉柩入塋駐轝棚前舁者去罩奉柩置棚中徹轝影樓安柩前魂帛及重在左右主轎又在前明器以下以次陳於棚東西序主人鞠躬四拜興遂詣祀土賓次謝主人鞠躬再拜賓答拜主人跪獻幣賓跪受幣主人退詣點主賓次鞠躬再拜請賓答拜主人退賓適點主次更衣以俟主人詣神主前跪執事者奉神主興主人俯伏興恭奉詣點主次跪執事者安主案上賓對主鞠躬就案上點畢退旁立主人奉神主還跪安訖俯伏興詣盥洗所盥手訖復詣神主前跪

焚香奠酒祝跪讀告文曰維年月日孝子某等敢昭告於顯考某府君神位前曰形歸幽竁神返室堂宗祏旣成是憑是依謹告讀畢興奉告文授主人主人受納於懷中俯伏興鞠躬四拜興遂詣竁次謝拜獻賓如對祀土之賓主人退詣壙所省視訖還柩旁西面跪方相入立壙四隅舁者以杠入橫柩上會繩作活結俟納明器及下帳及苞筲甕甒於池內池甃用磚在壙前方三尺深半之蓋用石版加蓋訖主人興舁者舉柩主人踊懸柩於壙上古禮貴者之葬用碑諸侯四綍二碑以大木爲衡貫穿棺束之緘平持而下大夫士二綍二碑無衡以綍直繫棺束之緘而下惟庶人賤乃懸窆之不引綍今無貴賤皆懸窆矣方相舉戈刺壙四隅主人止哭詣壙東西面立舁者別以布繩承柩下左右曳之乃解杠上活結徐徐奠椁內支木上椁內有橫木二長稱椁之廣方寸餘乃抽去繩杠下窆訖主人哭踊賓送窆者拜衆子弟陪拜執事者加棺衣士喪禮藏器於旁加見注云見棺飾也古者壙廣故可加見今壙小加衣而已次加明旌次加魂帛納重於椁外之首壙小椁之首不可直容則平加於椁蓋上亦可其加也北首納含餘瓶於其

下瓶安明器池內亦可納贈帛於棺左右玄在左纁在右主人哭踊內外皆臨穴哭盡哀而止乃蓋椁主人哭踊納錢於壙中瘞錢之俗舊矣或曰錢載年號亦所以志時代云乃蓋壙置墓誌石於壙外主人哭踊無數主人主婦向尊長跪哭諸尊長卑幼環向主人主婦相弔哭盡哀如斂時主人主婦右還躬復土三周衆役乃共施畚鍤復土平坎俗於此時凡衆子弟已除服者皆去衰麻未免太遽服雖滿者亦當俟卒哭乃除爲是主人留子弟司其事者視築主人哭奉主轎還家爲日中當虞也然度歸不誤虞祭而已不須急返記問喪篇曰其往送也望望然汲汲然如有追而弗及也其反哭也皇皇然若有所求而弗得也故其往送也如慕其反也如疑影樓在前香亭文在前儀衛前導親族行序如來時遠者築墳畢乃返每舍設奠亦如來時爲不及卽虞祭也殯宮於發引後卽內外掃除設神座於中堂前設香案主轎至庭主人面轎跪執事者奉神主出轎主人俯伏興奉神主詣神座前跪執事者安主訖主人俯伏興降詣盥洗所盥手訖復升詣神主前跪焚香酹酒祝跪讀告文曰肅迓神主返歸於廟

室堂如故精爽式憑謹告俯伏哀興鞠躬四拜興焚告文主人取懷中告文幷焚訖禮畢主人以下哭於庭婦人哭於室皆盡哀遂舉虞祭（詳見凶禮四）三日墳成（會典定制一品墳高一丈八尺二品一丈四尺三品一丈二尺四五品八尺六品以下六尺）主人主婦夙興詣墓次（俗謂之復三）望墓舉哀至墓次哀止閱視三周陳酒脯於墓前主人跪衆皆跪主人焚香酹酒俯伏哀興衆皆哀興鞠躬四拜興哀止禮畢（古禮大祥始埋杖俗有於復三時卽置杖於塚上者非夫杖所以輔病也記云虞杖不入於室祔杖不升於堂者皆哀殺之節豈謂遂不至於病乎且古人去杖必埋之者重之惟恐褻之也若葬甫三日汲汲焉植於塚上而還是直棄之而已何重之足云）

述曰喪服所以表哀也故古者未葬不除服今終喪之制以三年爲準若久而不葬則親柩在堂何忍變凶從吉且古之緩葬者大抵以死亡兵革勢有所不能試問今之緩葬者以死亡乎抑以兵革乎不過曰風水未決而已矣時日拘忌而已矣資財弗具而已矣曾俗篤實信風水惑陰陽者什裁二三至艱於資財者則比比

也昔子游問喪具夫子曰稱家之有無又曰有毋過禮苟亡矣斂首足形還葬縣棺而封人豈有非之者哉未聞停柩以待力之有餘者也況有水火之虞其可久停乎夫親喪所當自盡者凡附棺附椁之事必誠必信不可稍有所苟也若夫賻帛殉器雖古人所不廢抑其末焉者已況乎路儀之繁費與夫賓饌之致豐非禮已甚而苟欲快人口悅人目謂必如是乃爲厚葬我親於心始安則惑之甚者也昔班史志魯俗喪祭之禮文備實寡恐猶謂當時愼終者徒謹哀麻哭踊之節講飾牆置翣之文而不圖今日之留心於路儀賓饌閒也噫

孔氏家儀卷六終

孔氏家儀卷七

凶禮四

喪祭

返哭之後主人就次執事者設二俎於香案左右北首祝案在戶內西南向尊一勺北柄加冪在戶外東案西向饌案在戶外西東向張棚於庭中設香案祭案如初設洗於東階下直東榮罍水在其北勺北柄案西向爵三列罍前北上燎位在庭西南隅東向陳羊豕祭品如啓殯時將祭主婦以下詣神位前上香拜興入哭於室執事者各司其事主人哭就位眾子弟眾賓皆就位執事者瘞毛血迎神主人詣盥洗所盥手訖詣神位前跪眾皆跪執事者啓櫝出主執事者西面跪進香主人焚香執事者興退主人酹酒俯伏興眾皆俯伏興主人復位執事者設饌訖參神主人及眾皆鞠

躬四拜興行初獻禮主人詣盥洗所洗爵訖詣酒尊所司尊者舉冪酌酒詣神位前跪衆皆跪司爵者西面跪進爵主人受爵拱舉復授司爵者司爵者受興恭奠案上退祝北面跪主人左讀祝文曰維年月日孤子某等敢致祭於顯考某府君神位前曰日月不居奄及反虞（再虞以下則曰奄及幾虞卒哭則曰奄及卒哭）夙興夜處哀慕不寧（妻之喪則曰毋切神傷不遑寧處）謹以柔毛剛鬣嘉薦普淖明齊溲酒哀薦祫事（再虞則曰哀薦虞事終虞及卒哭皆曰哀薦成事）尚饗讀畢恭安祝文於案上東北面俯伏興退主人俯伏哀衆皆俯伏哀主人興衆哀止興主人復位行亞獻禮如初獻行終獻禮如亞獻三獻畢主人及衆皆退位侑食贊者引衆子弟侑食畢執事者點茶闔戶少頃祝戶外北面噫歆啓戶祝階下西面告利成主人及衆皆復位執事者徹饌出送神主人及衆皆鞠躬四拜興祝恭奉祝文出詣燎位主人望燎畢復位主人詣神位前跪衆皆跪執

事者奉主入櫝主人俯伏興衆皆俯伏興主人復位禮畢主人拜賓賓退主婦以下復詣神位前拜興退主人出拜賓於客次始罷朝夕奠惟朝夕哭柔日再虞剛日三虞（古禮士三虞大夫五虞諸侯七虞終虞用剛日餘皆用柔日也唐開元禮通舉三虞宋制三品以上七虞五品以上五虞九品以上三虞自明以來復通止三虞矣）卒哭亦以剛日（周禮以明日祔祔用柔日故也）並如初虞之儀惟卒哭之祭祝東面告利成（變喪祭也）凡未及三月而葬者葬畢卽虞三月而後卒哭（鄭康成曰虞安神也卒哭之祭待哀殺也）至是主人始疏食水飲翦屏柱楣寢席翦而不納戚友向來弔奠者主人往拜於其門期而小祥是日（古者練祥皆卜日而祭今卽用忌日）陳器具牲饌行禮如卒哭（時衆子弟雖已釋服舊仍縞服陪位衆賓亦然似覺過當又記曰朋友之墓有宿草而不哭焉賓與練祭舊尙擧哀亦須講）

祝文曰孝子（如未葬則仍稱孤子或哀子）某等敢致祭（如未葬則仍稱奠）於顯考某府君神位前（如未葬則云靈位前）曰日月不居奄及小祥夙興夜處小心畏忌不惰其身哀慕不寧（妻之喪則曰每切神傷不遑寧處）謹以柔毛剛鬣嘉薦普淖明齊溲酒薦此常事尙饗祭畢主人易練服（服制見凶禮一古者卜日而祭故未祭卽已易服今祭卽以忌

日自應終其日乃易服蓋練祥之祭原不爲變除節也舊或於祭前易服者非下大祥同始居堊室寢有席食菜果又期而大祥是日陳器具牲饌行禮如小祥祝文易曰奄及大祥薦此祥事餘亦與小祥同祭畢主人易祥服及禫禮中月而禫鄭康成以爲閒月王肅以爲月中歷代言禮者多祖鄭說司馬溫公曰今律勅三年之喪皆二十七月而除不可違也朱子亦云今既以二十七月爲期此等不須細討自致其哀足矣祭之日古禮卜日今用祥後三足月不卜日陳器具牲饌行禮如大祥祝文曰禫制有期追遠無及妻之喪則曰禫今以子某等禫月告終遵制釋服謹以柔毛剛鬣嘉薦普淖明齊溲酒薦此吉事尚饗祭畢主人易吉服古禮祥禫異服今禫月之内統服青衣略服縞服纖之節則禫祭乃釋禫服之祭而非易禫服之祭矣亦應祭畢乃更吉服爲安且考歷代儀注禫祭無不舉哀者則於祭前易吉服尤非矣飲食居處如常時遂擇日而祔於祖詳見吉禮二凡葬畢有他故及除服而後葬者皆卒哭即祔凡以故卒哭即祔者其練祥禫之祭也皆反主於寢而行事或於聽事凡父母之喪偕祭有先後其祭妣也不及考之主其祭考也亦不及妣之主凡主兄弟之喪謂兄弟之子幼不能承祭者見弟代爲主祭祥以上諸祭皆主之禫則否喪服小記云大功者主人之喪有三年者則必爲之再祭又雜記云凡主兄弟

之喪雜疏
亦虞之

述曰按禮卒哭明日以其班祔鄭康成云凡祔已復於寢如既祫主反其廟練而後遷廟檀弓殷練而祔周卒哭而祔孔子善殷唐開元禮則禫後乃祔程子亦云喪須三年而祔禮卒哭猶存朝夕哭若無主在寢哭於何處書儀家禮既祔返主俱從鄭說而朱子又曰吉凶之禮其變有漸故始死全用事生之禮既卒哭祔廟然後神之然猶未忍盡變故主復於寢而以事生之禮事之至三年而遷於廟然後全以神事之也綜斯而論可見卒哭可行祔祭斷無祔畢即徹几筵之理矣吾家祔祭舊依開元禮行於禫後祭畢即納主於廟由凶變吉之漸雖略於古初其依依哀慕不忍遽以死道待親之意猶未失也苟無失禮不須變俗故茲於卒哭下不用禮經明日以其班祔之文惟三年外葬者始卒哭而祔耳又古

者士三月而葬是月也卒哭大夫三月而葬五月而卒哭諸侯五月而葬七月而卒哭故卒哭未有不在練之內者卽或久而不葬則主喪者服亦不除故記有三年而後葬者必再祭之文以衰麻在身未忍卽釋必補練祥禫之祭而後可漸變除也今世有緩葬之事而制無不除之服則葬後之補練補祥將誰欺乎又如古者旣祥中月而禫禫而服纖祭爲禫設也今祥後三月通爲禫服三月復吉而不服纖此三月之內別無變除之節也而猶有誤解鄭氏中月爲閒一月之文謂禫祭當以祥之次月者是祭不關釋服釋服時不復有祭則又何以稱焉夫古之與今代移事異凡今之可通於古者自當以古正之古之必不可通於今者正未可以古泥之此等是也故吾反覆禮經參酌今制知練祥之祭不妨卽用忌辰而禫祭則必應在祥後三月除服之日至卒哭之祭如葬在

三年以內則主未應祔當於虞後舉之如葬在三年以外則主卽應祔乃於祔前舉之如此則循名核實行禮者不徒爲具文矣或曰葬乃除服此禮雖不行於今日若補祭一事遵而不變未必非餼羊之意也吾竊謂不然凡禮文湮沒者始賴一二學士大夫力守之萬不能則微存其意以爲返古之地若久而不葬主喪者不除服則載在禮經較然明著非禮文湮沒者比今制既如此凡守制者三年之外毋論不可以杖絰居廬寧可以墨衰從政乎苟禮官酌考古經舊文使人子得伸其志葬畢乃令服官固有典有據初無難者正不係於餼羊之存與否也若有故葬緩者無官可守無人我迫務敦古禮服以終喪補祭而釋此又仁人孝子所能自致不待餼羊之啓發者矣

孔氏家儀卷七終

孔氏家儀卷八

凶禮五

奔喪扶櫬

父母之喪人子在外聞訃者初以哭答使者盡哀問故又哭盡哀易素服（不及製服）遂行見星而行見星而舍過省境府境縣境皆哭盡哀而止（記云哭避市朝）至其縣境哭步行至家內外各哭於位奔喪者望門哭哭入門由東階升（古禮升自西階者未敢專主階也）西面憑棺哭踊盡哀就諸尊長前跪哭諸尊長皆撫哭盡哀諸卑幼者各環向哭弔亦盡哀遂括髮徒跣跪棺左哭止問疾病之由含斂之事畢又哭有賓來弔哭稽顙朝夕哭不奠四日成服乃朝奠如在家初喪之禮如奔者爲衆主人主人朝夕奠奔喪者惟俯伏哭於柩旁待成服乃與奠有賓弔主人爲之拜賓如聞喪而未得奔者則設位而哭（或所寓處不便爲位則別擇便地）

四日成服未行之前惟朝夕哭不設奠（古禮凡為位者皆為哭位無神位故不設奠以親之精神不在此也自司馬子朱子以來已設神位矣然喪主於哀不重節文客寓者於奠饋之事未必能便與其苟且而不成禮毋寧已盡哀可也）賓來奠聞喪者俯伏於位而哭賓弔聞喪者哭稽顙其至家以後括跣如上禮亦於四日乃與奠若奔喪而不及殯則至境哭先之墓北面跪哭盡哀括跣如在殯主人之待之也亦如在殯（主人位在墓左主婦殯位在墓右皆北上）哭畢冠屨歸入門左北面哭盡哀復括跣亦三日若除喪主已祔而後克歸則惟括跣哭於墓婦人奔喪之禮與丈夫同惟位皆在西聞期以下之喪哭對使者如上禮其奔也不夜行期喪望鄉而哭大功望門而哭小功至門而哭緦麻即位而哭內外各哭於其位奔喪者入西面憑棺哭盡哀就靈座前鞠躬四拜興（於死者屬尊長則惟舉哀長揖）弔主人及旁尊長卑幼皆哭盡哀遂成服（古禮成服以三日雖緦麻在日月之內皆三哭成服今略也）不及殯者亦往哭於墓主人之待之也如在殯若聞期以下之喪而不得奔者即所在為

位而哭禮無服而爲位者惟嫂叔則有服者皆爲位矣不必設奠賓來弔者拜之若父母沒於他方訃至以哭答使者盡哀問故又哭盡哀於中堂設位子婦東西面跪哭使人告於親族親族皆來尊卑內外相弔哭並如在家初終以上見凶禮二親者爲之草具囊橐遂行奔喪者在途如上禮在家者謂子婦及衆子之或有故不得往者皆括髮四日成服如在家初終之禮惟朝夕哭不設奠親友來哭有主人或主喪者則主人若主喪者拜之無則周親拜之又無則大功者拜之以無主喪者則服重者暫爲之主也奔喪者至柩所入憑棺西面哭盡哀遂括髮徒跣跪棺左哭止問疾病之由含斂之事畢又哭有理其事者在側主人哭稽顙其朝夕哭四日成服設魂帛旌重皆如在家成服後往拜於理其事者之門遂治櫬歸之事將啓行祝羃祭行儀見凶禮三乃告發引主人哭就位跪焚香奠酒祝跪讀告文曰我親見背含斂未親甫洎來奔五情糜潰謹卜今日扶櫬旋里

謹告讀畢安案上俯伏興退主人俯伏興鞠躬四拜興焚告文主人跪遂啓靈主人俯伏興在柩前行在途朝夕哭如在旅次櫬還內外有服者皆迎於境上各憑棺哭盡哀復尊卑內外相弔哭如初聞喪將至家康熙二十六年大學士宋德宜卒於位其子翰林院待詔駿業等白禮部請移文護送入城禮部通行言古人有反葬之禮自漢唐以來大臣卒於位者其喪事皆還故鄉至家治喪如常儀惟開元禮則毀門西牆而入安柩於中堂微有不同然卒於外而歸葬無不還家者還家而治喪無不入城者乃近世惑於陰陽拘忌之邪說或謂城門不可入而殯於郊外者有之或原居郊外亦不容入宅而寄於別館者有之甚至守門棍蠹乘機挾詐追逐難堪種種弊端殊堪髮指嗚呼生既不能返跡鄉閭沒復不令歸魂家室忍心違禮在喪家惑之則不孝官長禁之則不仁細民習之則不知法士大夫行之則不知禮是在所宜亟禁革者也又察唐會要代宗大曆十四年敕聞士庶在外身亡將櫬還家多被所司不放入城今以後不須止遏今京師現行例凡士民人等柩歸用本部執照許其入城治喪原無拘禁俗忌夫京城且然況在外府州縣乎一應官民且然況大臣蒙恩優卹祭奠者乎相應通行直隸各省曉諭一應人民凡喪櫬還鄉不得忍心違禮務矯流弊以厚風俗凡有官員人等喪還取該地方官執照其所在城門人役毋得攔阻如仍前拘忌致干憲典未便儀衛前導次重至次魂帛至旌在柩前至門祭門儀見凶禮三重魂帛旌柩乃以次入柩在途前首及入門前趾柩至寢不應在正寢者即於別室主人北面跪俟奠柩訖俯伏興舁者出遂設奠主人哭就位衆子弟皆就位行告

奠禮如初啓行告文曰不孝某等扶櫬旋里賴親之靈罔有驚虞今返室堂謹陳奠告至謹告有賓弔主人哭稽顙主喪者訃於親友如常式見凶禮二中曰以疾終於某處今於某日扶櫬旋里自是治喪悉如在家之禮凡奔喪者服闋先聞者先除後聞者後除如衆主人之除服先主人俟主人服闋乃舉禫祭如除服後主人主人舉禫祭祔祭奔喪者與祔祭不與禫祭及其除服主人爲告於廟而除之見吉禮一

述曰禮記奔喪篇詳矣今世惟奔親喪猶如禮奔期以下之喪者蓋寡即或自外歸者適與喪會亦無復望鄉望門之哭甚非所以敦親親之誼也夫俗廢既久縱不能概責以奔喪若歸與喪值尚宜率循古道但欲復久廢之俗簡或易從煩更難必故余撰次家儀至此雖依附禮經特存其節而略其文

孔氏家儀卷八終

孔氏家儀卷九

凶禮六

改葬

改葬者擇吉地吉日穿土治壙於新兆舊兆各設內外棚次並如初葬（並見凶禮三）具棺椁衣衾之屬如初終（並見凶禮二）前期一日祠堂陳酒脯釁洗如告祭主人素服告於將改葬者神位前（儀見吉禮一）告文曰維年月日孝子某或孝孫某等敢昭告於顯考妣或顯祖考妣神位前曰茲以我親體魄所藏託非其地恐有意外之患驚動先靈某等不勝憂懼謹卜於某日啟墳某日改葬某所敢告其日置尸牀及靈座於舊兆停靈棚內之西偏設帷如堂陳襲衣每棺各一稱（男女冠屐及襌衣衾皆備）襚衣各五稱小斂衾各一大斂衾各二絞帶各如其數於東西序（男者在東序女者在西序）並北上陳棺於棚外之西偏並北首東上拜棚陳

香案祭案拜位之次各如初喪在家（並見凶禮二）主人主婦及諸親屬並詣墓所主人主婦易緦服餘皆素冠縞服祀土者（事在倉猝不及宿賓可即以眾子弟）具吉服祭告后土如初葬（儀見凶禮三）告文曰維年月日某官某敢昭告於后土之神曰茲以某親某官某窆茲宅兆體魄不安將遷他所卜於今日開壙敬陳清酌祇薦明神惟神祐之俾無震怖謹告畢主人以下詣墓前就位鞠躬四拜興退（按家禮儀節啓墓時主人更行告禮有告文汾謂廟以棲神墓以閟形其實一也既告祠堂矣此時不應再告）主婦以下詣墓前拜興退役者開墳發壙及棺主人以下哀哀止主人臨壙省視訖復哀哀止主人退壙東南西面立北上役者進繩杠出棺主人以下哀舁棺奠棚中北首東上主人西面跪棺左北上役者去繩杠退執事者以功布拭棺改加新衣下帷設銘旌及靈位主婦就棺右東面跪亦北上各舉哀哀止乃行奠禮若棺已損執事者先設尸牀於壙前乃出尸還於牀主人哀

加衰衾哀止執事者舁牀奠棚中南趾主人主婦夾牀跪哀衆皆哀侍者去衾執事者進襲衣襲尸訖（襲女尸則仍用女侍者）執事者以次進衾絞斂入棺並如初終（並見凶禮二）蓋棺訖哀止下帷設銘旌靈位陳奠品畢乃奠主人就位衆子弟皆就位鞠躬再拜興主人詣盥洗所盥手訖詣香案前跪衆皆跪主人焚香奠酒俯伏哀衆皆俯伏哀主人及衆皆哀止興主人復位及衆鞠躬再拜興退主婦以下詣靈位前拜興退禮畢有賓來拜奠衆子弟陪拜主人拜賓並如初終（並見凶禮二）及葬告柩前發引遷於新兆下窆並如初葬（並見凶禮三惟祀土以衆子弟）蓋壙訖藏墓誌斂舊棺之材置於壙外（舊棺之材尸所久親不可棄之瘞地若納壙中則已腐之物又恐引新材易朽也故置之壙外）事訖主人主婦躬復土三周衆役共助畚鍤主人遂虞祭於墓前執事者各司其事主人就位衆皆就位執事者瘞毛血迎神主人詣盥洗所盥手訖詣香案前跪衆皆跪主人焚香酹酒俯伏興衆

皆俯伏興主人復位執事者設饌訖參神主人及衆皆鞠躬四拜興行初獻禮主人詣盥洗所洗爵訖詣酒尊所司尊者舉冪酌酒主人詣靈位前跪衆皆跪司爵者跪進爵主人受爵拱舉復授司爵者司爵者受興奠於案退祝跪讀祝文曰仰惟先靈新改幽宅謹以柔毛剛鬣嘉薦普淖明齊溲酒薦此成事尚饗讀畢奉安案上俯伏興退主人俯伏興衆皆俯伏興主人復位行亞獻禮如初獻行終獻禮如亞獻三獻畢執事者徹饌退送神主人及衆皆鞠躬四拜興祝捧祝文詣燎位主人望燎復位禮畢遂徹靈座三日治墳成主人主婦詣墓次復三如初葬（見凶禮三）三月主人主婦復詣墓次行四拜禮興遂釋緦服而返

述曰改葬豈得已哉瀕於水而改蹂躪於城郭道路而改僑居於客土而改凡茲數者皆子孫之大不幸也奈何世之得已而不已

者挾干福之私冀彼兆之更利於此兆也則改之先貧後富先賤後貴謂非啓遷厚葬不足以榮吾親也則改之夫骨肉歸復于土亦惟求其即安而已移易其親之冢藏爲己發祥之計與夫驚擾先靈以夸耀勢位富厚於親朋閒者皆非理已甚豈孝子慈孫而忍出此邪吾族於此類幸無過舉然訹以庸論動曰某地有風某地受濕某地爲絶氣爲子孫者不敢求福未免懼禍且慮亡者之萬一不安於地下也如此而卜改者蓋有之矣及至開壙見棺槨采依然旌重無恙溫和之氣盎然於穴中則又未嘗不悔恨而太息也然則與其悔之於終曷若慎之於始與其抱恨於後曷若毋怵於其先然有識力能不受人之愚者正未易得嘗見明會典載凡有改葬者皆具事因聞於官勘驗得實始聽之若有言責者以此白之著於令甲不亦善夫

孔氏家儀卷九終

孔氏家儀卷十

凶禮七

弔賻會葬

聞親友之喪及其未斂聞喪卽往不俟訃也卽素服往弔禮主人未變服之前弔者吉服而弔今著素服不去冠纓有擯者延接相見如後儀就位舉哀哀止鞠躬四拜興哭畢幼之喪舉哀長揖而不拜下倣此白左右曰請入弔左右入告主人出請賓賓入憑牀哭盡哀哀止弔主人曰不意凶變主人稽顙賓答拜古禮不答拜謂來助執事不當賓禮也今弔者通答拜矣退凡有父在主子喪者則先弔主喪者而後入弔其孤凡女喪不入弔假左右通辭而已以尸之在牀也如其夫主喪則弔其夫如與死者屬至親則女喪亦入弔凡知死而不知生者哭而不弔謂惟哭拜死者不入弔主人禮知生者弔知死者傷知生而不知死弔而不傷知死而不知生傷而不弔今有不知生而弔者未有弔而不傷者矣有三年之喪哭而不弔禮三年之喪雖功衰不弔如有服而將往哭之則服其服而往本指五服以內於己有服者而言今於朋友亦然則以檀弓曾子齊衰而往哭子張也亦不與奠禮既葬大功弔哭而退不聽事焉小功緦執事不與於禮今世失此禮者衆矣然有三年之喪者不可與

奠也凡齋者不弔忌日不弔家

國有慶日皆不弔婦人非父母兄弟之喪不越境而弔凡弔聞喪者其家設位則拜未設位則哭弔而不拜凡弔者如主人既成服則易素冠縞衣而入謂路遠往不及斂者古禮弔者襲裘加絰帶主人未變服則不加絰裼裘而弔今成服後弔者皆素服縞衣而無加絰之禮凡弔殤者不變服凡襚者謂以衣服布帛贈死者凡襚者必在大斂以前左傳云弔生不及哀贈死不及尸非禮也具柬曰謹具若干儀奉引襚敬凡奠者謂既殯後親友具牲帛庶羞之奠及致祭幛輓額輓聯之類其祭品豐者陳牟豕殽饌及盤祭次或惟陳殽饌或用豕首雞魚三牲又或以白金準之厚薄隨分然盤祭不宜過多宜準會奠席數定制其制見凶禮三具柬曰謹具若干儀奉引奠敬啟殯及辭靈謂葬前一日具奠拜辭亦如之其稱皆與亡者致奠之儀賓至擯者鞠躬賓鞠躬擯者延入就位鞠躬再拜興詣香案前跪執事者跪進香賓上香執事者進酒賓受酒拱舉復授執事者執事者受興奠於案退如奠者有祭文則讀者於賓左北面跪讀訖賓俯伏哀哀止興復位鞠躬再拜興禮畢退不弔主人如初終時未及弔者賓請入弔主人如前儀主人出拜

謝賓答拜賓向擯者鞠躬辭古禮練祥之祭凡侍祭喪者告賓祭薦而不食練祥且然況未葬乎今或遲留而飲食於喪次非禮也擯者鞠躬送出大門外賓揖退凡與奠及祭者皆先入就位鞠躬四拜興出俟於客次祭奠畢主人拜謝賓還辟退出拜於客次賓答拜凡賻者謂以財物助生者具束曰謹具若干儀奉申賻敬其稱謂與生者

凡路祭謂發引時奠於路或用三牲或惟拜而不致奠儀送窆謂在壙前皆鞠躬四拜不奠凡送葬者執紼非執紼者路祭已往俟於塋次禮弔非從主人也四十者執綍俟懸棺壙上乃就位而拜即所謂送窆也主人拜謝賓還辟退神主返隨而返禮鄉人五十者從反哭四十者待盈坎與虞祭而退點主及祀土之賓皆吉服從事儀見凶禮三事訖易弔服俟懸棺拜於壙前如上儀退還次釋弔服主人詣次拜謝賓答拜主人退賓向擯者鞠躬辭擯者鞠躬賓出次揖擯者而退凡與虞祭及練祭者皆素冠縞服與祥祭者皆吉冠素服與祔祭者皆吉冠吉服

凡弔非以喪者謂弔水火之類皆吉冠素服如常相見儀

述曰周禮以喪禮哀死亡卽今弔喪之禮是也以弔禮哀禍烖則謂遭水火如宋大水魯莊公使人弔廐焚孔子拜鄉人爲火來者是也救灾恤患弔禮行焉不僅施之於死亡也此禮今雖不廢顧其儀甚略故無可載至弔喪之禮舊俗有所謂冥餞者旣非古訓且俗亦漸廢矣可不必載又有所謂贈謚送旌者夫易名乃貴者之典宜出自

朝廷彼青衿之子或一命之微及其亡也假鄉曲私情誄而謚之者非法也又誄及人之母妻尤非婦從夫謚之義若明旌固所以錄死者但殯時柩已設旌今重出疊見殊覺無謂且喪主酬情遂成酒食之會準之於禮果何安乎凡若此者不敢拘禮不變俗之嫌妄作違心之附會也竊又謂生相親者死相恤凡弔者賻者亦必實盡其情而不徒飾往來之虛文遂飲食之末節始於哀死亡之

禮庶幾不失善乎先儒呂和叔之說弔也曰詩曰凡民有喪匍匐救之不謂死者可救而復生謂生者或不救而死也夫孝子之喪親不能食者三日其哭不絕聲既病矣杖而後起問而後言其惻怛之心痛疾之意如不欲生則思慮所及雖其大事有不能周知者而況於他哉故親戚僚友鄉黨聞之而往者不徒弔哭而已莫不爲之致力焉始則致含襚以周其急三日則具糜粥以扶其羸每奠則執其禮將葬則助其事其從柩也少者執紼長者專進止其掩壙也壯者待盈坎老者從反哭祖而賵焉不足則贈焉不足則賻焉凡有事則相焉斯可謂能救之矣故適有喪者之辭不曰願見而曰比雖國君之臨亦曰寡君承事他國之使曰寡君使某毋敢視賓客主人見賓不以尊卑貴賤莫不拜之明所以謝之且自別於常主也賓見主人無有答其拜者明所以助之且自別於

常賓也自先王之禮壞後世雖傳其名數而行之者多失其義喪主之待賓也如常主喪賓之見主人也如常賓如常賓故止於弔哭而莫敢與其事如常主故舍其哀而爲衣服飲食以奉之其甚者至於損奉終之禮以謝賓之勤廢弔哀之儀以寬主之費由是則先王之禮意其可以廢而已乎今欲行之者雖未能盡得如禮至於始喪則哭之有事則奠之又能以力之能及爲營喪葬之未具者以應其求輟子弟僕隷之能幹者以助其役易紙幣壺酒之奠以爲襚除供帳饋食之祭以爲賵與賻凡喪家之待己者悉以他辭受焉庶幾其可也

孔氏家儀卷十終

孔氏家儀卷十一

嘉禮一

昏

昏禮先使媒氏通言女氏許之（司馬溫公曰凡議昏姻先察其壻與婦人之性行及家法何如勿苟慕其富貴程子曰世人多謹於擇壻而忽於擇婦其實壻易見而婦難知所繫甚重豈可忽哉）乃納采主人（壻之父也無父則伯父叔父或長兄主之皆無則推其宗惟宗子則自主之禮宗子可以主人之昏人不可以主宗子之昏）具書曰伏承尊慈不鄙寒微曲從媒議許以令愛貺室某之子某（他尊長主昏則曰某親某或某親之子某後並倣此）某有先人之禮敢請納采伏惟垂鑒（士昏記曰辭無不腆無辱郊特牲曰告之以直信信事人也信婦德也自宋政和禮輒稱不腆云云昧斯旨矣）具禮目曰謹具若干儀奉申納采之敬（禮書禮目各副以名柬後並倣此今或不用幣惟具柬曰敬求台允）夙興主人奉以告於祠堂（儀見吉禮一後並同）祝文曰某之子某（宗子自告則云某主人非宗子則宗子代告云某孫之子某後並倣此）年已長成未有伉儷已議聘某郡某氏某之女今日納采謹告（或惟行四拜禮不讀祝後並倣此）乃陳書幣於堂上使者在戶內左西面立主人北面再拜執書還西面授使

者使者北面跪受奉書將如女氏女氏延入門陳於庭中使者隨入立戸外右東面主人女之父也無父亦伯叔或兄弟主之出見使者古使者大夫使羣吏士使隸子弟所以敬其事也故主人拜迎於門外三揖而入三讓而升授於楹間賓告事畢乃醴賓今世使者通用老僕故主人之禮殺矣使者北面跪獻書主人西面受以授侍者侍者居後跪受陳堂中案上使者叩興主人鞠躬使者退東面立主人北面再拜使者退負西序東北面隅立俟或跪俟主人拜畢乃興據禮不跪是蓋使者賤不敢與主人爲禮也後並同主人拜受畢西面勞使者使者進北面跪以對主人命侍者延使者就客坐待茶使者退就次主人納書於祠堂告曰某之第幾女某年漸長成許字某郡某氏某之子某今日納采謹告乃燕使者侍者奉命延使者就席主人出至席親醴使者使者出席因侍者禮辭主人入戸左西面立使者退戸右北面立侍者斟酒自主人後跪進盞使者稍進北面跪主人辭使者叩首主人鞠躬側受盞還以授使者使者受飲訖侍者跪受盞退使

者叩興主人鞠躬入將陳饌主人復至席使者固辭主人入具復書曰伏承尊慈不棄寒陋過聽媒氏之言擇某之第幾女作配令嗣弱息蠢愚又弗能教既蒙尊命某不敢辭謹對使拜嘉伏惟垂鑒有答儀則具目曰謹具若干儀奉申允吉之敬（男家無幣不答既不具啟則亦惟具柬曰敬遵台命）陳於堂中延使者升堂使者升北面叩謝主人西面鞠躬使者退東面立主人北面再拜使者隅立如初女氏使者自戶外入主人西面授復書（據古禮女家不別遣使此可從俗）女氏使者北面跪受興隨男氏使者出報命及門男氏使者先入復命出延女氏使者奉贄從入陳於庭中使者立戶外右東面主人出見拜受贄之如女氏之儀主人奉復書以告於祠堂其儀鞠躬四拜不讀祝納徵如納采禮主人具書曰伏承嘉命貺室某之子某某有先人之禮敬請納徵禮目曰謹具若干儀奉申納徵之敬（古者納徵庶民用純帛無過五兩士大夫亦玄纁束帛儷皮而已非簡於禮也）

爲可傳也爲可繼也今世雜以錦綵又益以釵釧贅珥羊酒果實之屬略無貴賤之差踵事增華難乎繼矣竊謂有志於禮者縱不能盡返古初亦當務崇省約以訓婦儉爲先　告於祠堂曰某之子某已聘某郡某氏某之第幾女爲婦今行納徵謹告女氏主人告於祠堂曰某之第幾女已許某郡某氏某之子某爲室今日納徵謹告復書曰伏承嘉命委禽寒宗茲復蒙頒先典貺以重禮某不敢辭敢不承命有答儀則具目曰謹具若干儀幣申報嘉之敬請期先假媒言約定乃遣使奉書往來如納徵禮古禮請期行於納徵之後今或行於納徵之前或於納徵並舉皆有書無幣　主人具書曰伏承賜命某既申受矣[illegible]賜垂鑒告於祠堂曰某之子某聘某郡某氏某第幾女爲婦今涓吉曰於某月某日甲子成昏謹告女氏主人告於祠堂曰某之第幾女許某郡某氏某之子某爲室今以昏期來告云某月某日甲子吉昏謹告具復書曰伏惟台命來示昏期某固惟命是聽敢不敬

吉曰某月某日甲子實爲昏期可否惟命端拜以俟伏惟[illegible]

須伏惟鑒照將及昏期女氏主人遣男女使者送奩（古無此禮朱子家禮有云前期一日女氏使人張陳其壻之室則此俗由來舊矣但亦須稱家之有無取足飾容備巾櫛而已無尚華也昔司馬溫公有曰夫昏姻者所以合二姓之好上以事宗廟下以繼後世也今世俗之貪鄙者將娶婦先問資裝之厚薄將嫁女先問聘財之多少至於立契約云某物若干某物若干以求售其女者亦有既嫁而復欺紿負約者是乃駔儈賣婢鬻奴之法豈得謂之士大夫昏姻哉其舅姑既被欺紿則殘虐其婦以攄其忿由是愛其女者務厚其資裝以悅其舅姑殊不知彼貪鄙之人不可盈厭資裝既竭則安用汝女哉於是質其女以責貨於女氏貨有盡而責無窮故昏姻之禮往往爲仇讐矣然則議昏姻有及於財者皆勿與爲昏姻可也）使者奉命送如男氏陳奩於庭主人出見使者致奩目如納徵致命之儀主人拜受訖使者入陳於室主人乃禮使者亦如之主人具柬致謝使者反命男氏遣男女使如女氏請加笄（加笄本母家事近世或夫家致冠笄衣服俗呼曰催粧禮是也有於親迎前特行者有即於納徵時行者若與納徵同行則其納徵必在請期之後與昏期近矣禮附於納徵遂不別遣使）具禮目曰謹具若干儀奉申加笄之敬使者奉命如女氏女氏主人拜受禮使具柬答謝亦如送奩將昏其母（無母則至親之尊者）乃爲女加笄陳冠笄衣服於堂中（主人非宗子則於私室）父西面立母東面立諸尊長咸集於左右女出房北面立侍女進冠笄母受以授女女跪受適房

中冠服出拜見父母北面四拜父平揖母肅拜女拜見諸尊長諸尊長咸平揖母行肅拜夫人以女見於祠堂告曰某之第幾女某將適某郡某氏今日加笄畢敢告告畢母率笄者四拜興退乃醮女父母之席南向女之席在東西向若父母有親在堂則席東西相向女之席在東南北向壺盞在戶外父母左右對面立女北面四拜興父平揖母肅拜侍女斟酒進父盞父受盞授女女跪受飲訖侍女西面跪受盞退父命之曰戒之敬之毋違舅姑之命女受命拜興父平揖侍女復斟酒進母盞母受盞授女女跪受飲訖侍女東面跪受盞退母命之曰勉之敬之順成婦道毋忘乃父之命女受命拜興母肅拜父母命之坐女肅拜告坐乃就席殺饌至父母起立女出席立母至女席親饋母肅拜女肅拜席徹女復北面四拜興父平揖母肅拜女歸於房以俟是日壻家陳食案於房中酒壺合巹在焉陳醮位於廳事壺盞在戶

外主人告於祠堂曰某之子某將以今日親迎於某郡某氏謹告遂醮子而命之迎宗子自昏則否主人就位西面立子就位北面立侍者酌酒進盞主人受盞授子子跪受飲訖侍者西面跪受盞退主人命子曰往迎爾相承我宗事勉率以敬先妣之嗣若則有常衆子則但曰往迎爾相勉率以敬子敬諾四拜興父平揖子以次拜母及諸尊長乃出登輿或乘馬導以燭俗用綵燈然不可過侈官族用儀衛亦不可踰分又俗皆用鼓樂非古禮也記曰取婦之家三日不舉樂思嗣親也雁在輿前載以亭新婦之輿在其後至女家俟於門外主人出迎壻揖壻入雁先入陳於庭壻從主人入三揖至於階三讓主人由東階升西面立壻由西階升再拜主人答拜主人退負東序西面立壻北面跪壻侍者跪進雁壻奠雁按古昏禮納采問名納吉請期皆用雁蓋取其順陰陽往來且不再偶之義主人皆答拜親受親迎用雁主人不答拜不親受者爲授女也以女在房故奠於楹間今俗惟親迎奠雁主人以其授女仍命侍者捧雁安亭中隨女舁歸壻家其納徵無雁者以有幣故也再拜興退東面立女家侍者徹雁亭出主人延壻就坐主人親正坐壻辭主人對壻就坐侍茶

遂醴之（古禮主人不醴壻）如燕賓之儀（見嘉禮二）醴壻畢婦出於庭壻復東面立主人西面立婦在主人之右稍後侍者以輿入壻揖婦登輿女登輿壻親至輿前捧輿（猶是御輪之遺）主人禮辭壻北面鞠躬復鞠躬辭主人出登輿主人答送如常儀（古禮不降送）壻先婦後至家壻家先陳香案於中霤陳夫婦相拜位於堂中壻先入門婦隨行出輿共詣中霤四拜興壻導婦升堂壻就左位婦就右位對面交拜興壻導婦入室坐侍女執合巹進夫婦各酳壻親爲婦去巾（如古禮脫纓）乃共案而食食畢壻出脫服婦脫服於房中主人乃醴賓賓尊者如女氏醴壻之儀卑者如納采時醴使者之儀女賓主婦醴之視男賓之儀明日夙興婦見於舅姑奉贄陳於案中（以棗栗盛茶器中即古者婦執笲棗栗段脩之意也而今俗幷用幣則汏矣）舅姑左右對面立婦北面四拜興舅卒揖姑肅拜奉贄畢婦退是日舅姑遂醴婦（古禮婦贄後醴婦婦饋後饗婦今合醴饗爲一以爲醴也則已具饌以爲饗也則無酢酬因俗缺婦饋一節知究竟是醴而非饗耳按婦饋乃所以正婦道之始禮之必不可）

缺者也講禮者庶幾復之舅姑席堂上南面婦席在東西面舅姑有親在堂則席東西相向婦席在東南北向壹盞在戶外舅姑左右相對立婦北面立舅平揖姑肅拜婦肅拜侍女斟酒進盞舅受以授婦婦跪受飲侍女西面跪受盞退婦拜興四拜興舅平揖姑肅拜舅姑命坐婦肅拜告坐乃就坐殺饌至姑親至婦席饋婦出位立姑肅拜婦肅拜席徹婦北面謝四拜興舅平揖姑肅拜禮畢婦退右贄見以下俗或行於三日或惟贄舅姑而不醴婦夫必婦道已成乃可廟見竊怪區區儀節行之猶難卽或行之又弗中節倘安望於後古乎

凡舅在姑沒者舅醴之姑在舅沒者姑醴之舅姑並沒則否按廟見亦贄也當於廟見後長姒代醴之

三日主人以新婦見於祠堂告曰某之子某昏畢新婦某氏敢見主人告畢壻婦四拜興退古廟見惟新婦今壻亦同見焉

婦乃徧見諸尊長及卑幼按雜記云婦見舅姑兄弟姑姊妹皆立於堂下西面北上是見已注曰是爲已見不復特見又云見諸父各就其寢注曰旁尊也亦爲見時不來今俗三日凡近族之尊長卑幼咸集相見而伯叔娣姒亦於此時見禮謂之分大小

拜見尊長尊長各平揖母行肅拜卑幼者拜見婦婦肅拜尊長不同居者婦他日往拜於其家此卽所謂見諸父各就其寢也既廟見

壻乃往拜婦家俗有於親迎出門時旋卽返拜見女之父母者謂之謝親非是朱子曰親迎不見妻父母者婦未見舅姑也主人出見壻拜主人答拜乃偏見婦黨諸親是日女氏亦遣使來迎壻及女俗謂之接回門外舅燕壻如上醴壻儀母燕女亦如醴婦

述曰昏禮凡六始而納采言采擇也采擇自我而名氏在彼故繼之以問名人謀既定詢以鬼謀故又繼之以納吉人鬼胥協然後納幣以徵之請日以期之五禮既備壻乃親迎又有奠雁授綏御輪之禮後世不勝其煩於是乎六禮鮮備甚且有親在而亦不親迎者矣卜本不爲時重所謂卜者或以日者陰陽雜說參之非若古人決以龜策之正女所生之名氏當媒議時已無弗周知今此二事必欲尊用古禮亦徒具文而已從俗可也其他萬無可略故取見所行者著其儀於篇若贅壻則失禮莫甚不敢録也至冠禮久廢不能更復今存者惟有加笄故尤謹詳其儀而於醮子寓冠

義焉又古者大功之末乃可嫁娶若主昏者有期之喪則不可父昆弟己昆弟及子之昆弟皆期也故禮初請期之致辭曰惟是三族之不虞今世俗惟有三年之喪者乃輟嫁娶嗚呼薄矣

孔氏家儀卷十一終

孔氏家儀卷十二

嘉禮二

家庭燕會相見及對賓客

每日子婦夙興盥漱冠櫛畢請安於父母之側子鞠躬婦肅拜問左右曰安否各曰安則俟命之退而退否則留侍供藥物晨省畢子出治外事對賓客食時婦供晨羞膳罷子入問親所進夕膳亦如之夜子婦復詣親所省視寢具畢父母就寢命之退乃退事祖父母亦如之若親有疾則子婦以下終日侍不敢離親命之退則出俟於戶外凡衣服寢具冬則溫夏則凊藥物之類必躬嘗焉每日見尊（謂諸父諸母及姑）長（謂兄嫂及姊）男鞠躬女肅拜尊者坐揖答長者斂手答女尊長並肅拜答若卑者少者未成人皆不答男女不共席而坐（若兄妹嫂叔）婦人避兄公及夫之伯叔父凡公會稱壽及侍親疾皆勿避

每歲元旦冬至晨省畢長幼皆集於中堂候父母冠帶出拜祠堂畢長者趨正座父母就位子婦以下序進北面四拜賀父平揖母肅拜少者以次賀長者少者北面拜於右長者居左北面答拜畢者以次賀尊者北面四拜興尊者男西面答平揖女東面答肅拜侍者凡子婦共行禮執事皆女侍者設食案子婦進觴子鞠躬婦肅拜父母命坐子婦以下告坐凡告坐男鞠躬女肅拜乃就坐凡設位準下儀父母起入子婦以下退歲除如上儀夕時行禮夜乃奉觴俗謂之守歲若父母生辰或家有喜慶則治筵爲壽先期一日晨省畢率婦子以具筵請忌日不慶若前期一日值忌日則前二日拜請拜興父平揖母肅拜厥日晨興申請復如之日中率執事者布筵於堂上父母之筵南向子西向婦東向有祖父母在則祖父母之筵南向父西向母東向子在東南婦在西南皆北向諸婦有相避者不設席惟稱觴時行禮如常酒盞在戶外晡時請父母出對面立子北面鞠躬婦肅拜子前正座北面鞠躬婦隨肅拜請父母坐子鞠躬婦肅拜侍者

西面進茶于受茶又一侍者東面進茶婦受茶子奉茶鞠躬恭陳於父前對席鞠躬婦肅拜獻姑茶亦如之（若非具慶則婦肅拜不離位）復位子鞠躬婦肅拜侍者西面進盞子受盞又一侍者東面進盞婦受盞子鞠躬侍者奉壺斟酒子鞠躬恭奉酒陳於茶左侍者進箸子受箸恭陳茶右對席鞠躬婦肅拜獻姑酒亦如之（若非具慶則子受盞時侍者授婦箸婦恭奉隨以進）復位跪俟父母飲畢興侍者復進盞子婦受盞斟獻如初父母三飲侍者復進盞子婦受盞斟獻如初復位行四拜禮興父平揖母肅拜（不出位）子婦退立（爲祖父母壽同）諸子諸婦以下各就位四拜興退少者以次拜見長者卑者以次拜見尊者畢各退立父母命坐凡與坐者皆就位鞠躬告坐少者卑者以次向長者尊者鞠躬告坐畢乃各就坐侍者徧斟酒訖子婦以下舉盞待父母飲乃飲三飲侍者以殽饌至子婦興子奉饌進父母案退北面立子以下鞠躬婦以下肅拜

還坐舉箸待父母食乃食侍者以飯至子婦復起饋如初三飯畢席徹父母返於寢衆皆退主婦視徹饌以餕侍者夜陳果核復請父母出稱觴為壽如初席終父母起立子婦以下北面謝勞鞠躬拜興父平揖母肅拜禮畢父母返於寢子婦入視寢具俟父母就寢乃退他日父母賜之食設席位酒盞如前有應避者則設簾婦在簾內男在簾外父母對面子婦以下北面四拜興父平揖母肅拜命坐子婦以下鞠躬告坐少者卑者以次向長者尊者鞠躬告坐訖乃各就坐席徹父母起子婦以下北面拜謝賜父平揖母肅拜有果核則夜燕既畢乃謝凡歲朝及壽辰父母之前皆有獻（若衣服韈履之類）前期一日晨省畢陳儀於堂上子婦以下北面拜興父平揖母肅拜凡歲節及親族有慶則五服以內皆會少者拜長者長者答拜卑者拜尊者尊者男平揖女肅拜尊長命坐然後告坐凡燕

長者尊者則少者卑者必親進盞親饋饌鞠躬告而後坐燕少者卑者不送盞不饋饌少者卑者先拜謝乃告坐席終復拜謝他出相遇於塗少者卑者皆爲尊長下輿長者下輿謝之尊者就輿中肅止之婦人不下輿候尊長輿過乃行婦人在輿少者卑者爲下則命男僕止之少者卑者並拱立於道右候尊長輿過乃復登輿

與外黨至親接視內黨之儀凡禮尊者殺於父母禮長者殺於尊者禮遠族遠親之尊者視長者其長者視賓友之禮焉與賓友初相見迎入門揖讓升階主人就右位賓就左位皆北面再拜延賓坐於東西面主坐於西東面主人親正座賓撫座辭還爲主人正座主人亦撫座辭就坐主賓各鞠躬侍者進茶賓主受茶各鞠躬將出賓起鞠躬辭主人鞠躬送出門對鞠躬賓去主人返凡燕賓前一日使人宿賓戒陪賓者其日蚤速賓及陪賓乃設筵賓尊者

堂中南向敵以下則在東序西向賓筵南向則陪賓筵於東序西向賓筵西向則陪賓筵於西序東向主人之筵並在西序東向或稍南北向日中再速賓賓至主人迎入揖讓就坐待茶如上儀將燕主人先祭酒重其事則祭否則已賓還辟避侍者斟酒進盞主人受盞出庭中鞠躬三祭酒復位揖賓就位主詣賓席正席賓撫席辭主人對復位鞠躬賓答鞠躬侍者斟酒進盞主人受盞陳於賓席賓禮辭主人對復位鞠躬賓答鞠躬賓詣主人席酬答如上禮主人與陪賓相酬酢亦如之主賓陪賓復各對鞠躬而後坐有少者卑者在列則先詣賓鞠躬告坐賓答鞠躬於陪賓亦如之次詣主人鞠躬告坐主人答鞠躬或平揖而後坐殽饌至主人親至賓席饋賓辭主人對面席鞠躬賓答鞠躬賓至主人席答禮亦如之飯至如初席將徹賓犒執事者賓從者跪布儀物於主人席前主人起肅謝

賓起對復各就坐主人侍者跪納之席徹賓鞠躬謝主人鞠躬對有果核則醴酬如上儀席終賓鞠躬謝主人鞠躬對賓鞠躬辭主人亦鞠躬送賓出對鞠躬賓去主人返陪賓請退主人送之如賓

凡主人醴賓賓非敵則辭固辭主人乃止賓酬亦如之凡醴陪賓陪賓辭主人已對鞠躬陪賓禮請酬主人亦辭已

述曰周禮以飲食之禮親宗族兄弟以饗燕之禮親四方之賓友今其儀存者惟有鄉飲酒鄉射及大夫食聘賓而已他所謂親宗族兄弟賓客者不可復見矣若夫厥父母慶洗腆用酒之事禮經亦並闕焉竊謂有父母然後有兄弟有兄弟然後有宗族有宗族然後有親戚朋友故比次其儀備嘉禮士相見於五禮本屬賓禮茲以賓禮他無可錄故附見云爾

孔氏家儀卷十二終

孔氏家儀卷十三

嘉禮三

修家譜

孔氏族譜大修用甲子歲小修用甲午歲大修刊版小修則書於册藏之祖廟凡義子凡贅壻爲子者凡娶再醮妻因撫其前夫之子者凡僧道凡干犯名義者凡流入下賤者並毋入先期宗子以例申告族長及舉事族長舉事集六十戶之戶頭戶舉而申戒之

族以戶名者所以明派系也大宗戶第一臨沂戶第二孟村戶第三道溝戶第四滕陽戶第五舊縣戶第六終吉戶第七蔡莊戶第八戴莊戶第九果園戶第十時莊戶第十一泗北戶第十二店北戶第十三西郭戶第十四仙源戶第十五泉南戶第十六齊王戶第十七盛果戶第十八苗孔戶第十九文獻戶第二十沂北戶第二十一黌門戶第二十二石村戶第二十三魯賢戶第二十四沂陽戶第二十五孔村戶第二十六王堂戶第二十七小莊戶第二十八宮端戶第二十九華店戶第三十古城戶第三十一岡山戶第三十二魯城戶第三十三孔屯戶第三十四西城戶第三十五舊城戶第三十六呂官戶第三十七林前戶第三十八防西戶第三十九林門戶第四十官莊戶第四十一大薛戶第四十二廣文戶第四十三小薛戶第四十四陶樂戶第四十五北公戶第四十六紙坊戶第四十七董莊戶第四十八防上戶第四十九高莊戶第五十南公戶第五十一星村戶第五十二古柳戶第五十三吳孫戶第五十四東村戶第五十五磨莊戶第五十六

張曲戸第五十七西鄒戸今譌爲息鄒戸第五十八西林戸第五十九林西戸第六十戸置戸頭一人或二人戸舉副之宗子乃頒其版亦名冊格版式

曰某戸幾十幾代名某字某年若干歲居某縣某社某村職何習何業曾祖名某職何習何業祖名某職何習何業父名某職何習何業子若干人各名某職何習何業如有假冒錯遺戸長甘罪某年月日給某年月日繳銷以印子姓人各一版令自填注凡命名不依行輩定字者不得書於版所以別昭穆防假冒也謹按孔氏行輩之壹自四十七代以若字命名始四十八代以下曰端曰王曰才曰元曰之曰氵曰思曰克曰希曰言曰公曰彥曰承曰宏曰聞曰貞曰尚曰衍曰興曰毓曰傳曰繼曰廣曰昭曰憲曰慶曰繁曰祥自希字輩而下以十世爲率皆宗子預定族人稟焉自注版訖取五服以內諸親族公結本房之長彙送本戸頭戸舉戸頭戸舉查察加結彙送族長舉事族長舉事覆核加結彙送宗子宗子乃箚族中之長者開局纂輯將開局宗子具禮服率族長以下有事者告於始祖廟儀見闕里文獻考及報本堂儀見吉禮一告文曰今當修譜之年謹同族衆分曹辦理涓以今日令辰開館編纂敢具牲牷用伸虔告遂誓

於廟執事者陳誓詞於詩禮堂正中香案上宗子詣詩禮堂西面立族長以下序進北面鞠躬宗子詣香案前率族長以下北面跪族長興恭奉誓詞西面讀曰凡我宗族執事人等毋便己私毋徇情面毋存疑致濫毋挾怨生嫌各宜精白乃心恪供厥事渝此盟者宗族所不齒名教所不容天地祖宗其共殛之讀畢仍安案上復位跪宗子以下行三叩頭禮興退族長奉誓詞藏於家廟取廟藏舊譜及新版送於局宗子至局燕有事者宗子之席在戶內西南北向族衆之席列東西序相向北上族長居首席族衆以昭穆爲次序齒宗子西面立族長以下序進北面鞠躬宗子答鞠躬侍席者斟酒進盞宗子受盞安族長席上東面鞠躬族長答鞠躬宗子復位鞠躬族長答鞠躬宗子向族衆鞠躬族衆答鞠躬侍席者斟酒進盞族長受盞安宗子席上南面鞠躬宗子答

鞠躬族長復位鞠躬宗子答鞠躬族衆序進向宗子鞠躬宗子答鞠躬族長以下序進向宗子鞠躬告坐宗子答鞠躬族衆之卑者遞向其尊者鞠躬告坐乃各就坐席徹復序立鞠躬共揖而退譜成各書應給者之名於末譜首末並鈐印族長率執事者陳譜於詩禮堂宗子具禮服率族長以下奉譜告於始祖廟及報本堂如初開局之儀告文曰尙神之庥新譜告成敢具牲牷用伸虔告告畢遂藏譜及版籍於廟宗子以下詣詩禮堂頒譜宗子西面立族長以下序進北面鞠躬宗子答鞠躬族衆退俟於階下宗子詣香案前跪執事者跪授譜一宗子受興授從僚從僚奉以退宗子西面立族長詣香案前跪執事者授譜一族長受興授侍者侍者奉以退族長西面立於宗子之次族衆以次進領族長以次授先舉事次有事者次戶頭戶舉次族衆皆跪受捧以興退頒譜畢削毀

譜版宗子歸燕有事者於廳事如初開局之儀

述曰譜牒之作所以貫繫姓序昭穆聯族屬綦重矣哉吾宗懲凶末之禍於譜法加嚴焉故子孫命名必立行輩使之眞僞易分而昭穆不紊第古者子生三月父執子右手咳而名之告諸宰徧告諸男及閭史獻諸州史州史獻諸州伯州伯命藏諸州府焉今吾宗舊約届修譜時始各書其版則猶疎矣汾謂不若令命名之初卽書以告於族長族長按季彙申於宗子宗子受而藏諸宗祏尤爲周密而易稽也

孔氏家儀卷十三終

自序

於乎先王以禮防民之意厚矣哉以人之有夫婦也爲制昏姻嫁娶之禮以人之有父子也爲制服勞奉養之禮以人之有親黨朋友也爲制交接酬酢之禮以人之樂其羣也爲制飲食燕饗之禮以人之哀其死也爲制棺椁衰麻之禮以人之不忘其本也爲制廟祧尸祝之禮以禮之不可無文也飾之以升降拜跪之容爲以禮之不可無節也辨之以親疏貴賤之等爲上自朝廷下逹邦國師儒之所傳習閭巷之所遵循罔不以是爲兢兢傳曰禮也者猶體也體不備君子謂之不成人設之不當猶不備也故經禮三百曲禮三千其致一也未有入室而不由戶者迨後王德薄不能以身敎凡所謂禮者未嘗不載之典章垂爲令式乃奉行者視爲故

事以各自便其私舉古之家喻而戶曉者遂至家異而戶殊於是司馬溫公之書儀子朱子之家禮不得不起而作矣自是以來守禮之家知宗朱子經五百餘年羣儒多以己意聯輯補綴世人復以鄉俗沿習之事棼然雜出乎其閒雖號遵家禮其所行者已非復朱子之舊矣況唐宋故事實有不可通於今日者變而加厲又何怪其然也邪即如吾鄉素稱守朱子家禮者也亦素以古禮參用朱子家禮者也又素以鄉俗相沿之陋習附會於朱子家禮者也汾家幸承祖教之遺沐

聖朝之化尚循古法不至以悖禮貽譏然汾自總角以前未有知識事皆不復記憶既冠以後迄今二十年中涉閱吉凶諸事變易已非一端其變而從古者固多變而從俗者亦時不免竊有志焉欲及今猶有可以考見先型者編爲一書俾子孫知所法守顧自慚

才識學三者皆未能尙友古人下垂來禩是以因循而未之敢乾
隆壬午秋今宗子以主饋有缺納雁於鉛山程氏將親迎程氏來
請曰闕里禮宗今將舉嘉禮其儀節願有聞焉謹率以行事宗子
商於汾具舊儀以對時錢唐江衡省居在座曰善乎茲請禮有之
敬愼重正昏禮也抑某亦有請魯秉禮之國也而子又先聖之裔
也微特昏禮而已凡吉凶諸禮當集有成典可得備觀乎汾爰舉
前所云云者以告江君曰噫子過矣夫本無可紀而强著之是作
也本有而弗述焉是廢先型也作之事可以謝不敏若夫述則固
先夫子之遺訓也奚諉焉亟宜就子所知者輯之錄之俾吾儕誦
法於闕里者咸有所資而退考其業則幸甚汾曰唯唯乃退而述
孔氏家儀凡禮之大綱有五家儀得其三吉凶嘉是也吉禮之別
十有二家儀得其四四時之享是也凶禮之別有五家儀得其二

喪弔是也嘉禮之別有六家儀得其四飲食昏姻饗燕慶賀是也綜斯三禮古與今條目間有不同皆可以義彙通之者也惟墓祭一條爲今有而古無者至修明譜牒則汾又嘗從事其間考諸古奠繫姓序昭穆典綦嚴矣以親兄弟以睦宗族敢不一準於禮與且汾竊聞之君子之行禮也不求變俗先王之馭萬民也亦用禮俗蓋禮者乃其大經至五方之風尚各殊其安居和味宜服利用備器莫不有高曾之規矩不可强而使之同者苟一一善求其故俗亦未必盡拂乎經特循行者或習其數而弗考其義或昧其本而徒謹其末甚且以陰陽釋老之說雜之則去古逾遠洵難以從俗爲禮耳故汾撰次家儀往往以古與今互爲參考其今之克循乎古者則據古以證之其古之未可通於今者則引古以申之其今之顯悖於古者則援古以折之惟特俗之萬萬不可從者乃削

而不著非敢依囘於俗故爲騎墻之見也沿溯幸未失眞鄉黨咸
所共習略加詮次有節有文豈斷乎書之可傳要斷乎事之可行
而已苟我子孫謹修而審行之於區區復古之苦心庶無負焉茲
書勒成吉禮三卷凶禮七卷嘉禮三卷序所以述之之意别爲自
序一卷總十四卷

古者世官考虔立廟大宗小宗是則是傚祭有十倫事有三道既
內自盡復外有耀遂遂陶陶追養繼孝不怠不煩用祠用禱如欲
殷繇而祔先聖善之今禫而祔日月再除遷主藏主卽遠有期茲
色然無射亦保吉禮一　述廟祭

惟吉祭嘉薦明齊以其班祔昭穆允釐同堂異室漢制失宜匪敢
變禮援情定儀吉禮二　述祔

墟墓之閒過者生哀秋霜春露孝子循陔矧斯宅兆體魄所藴寒

漿未奠何以爲懷纍纍者塚惷惷者楷攀條泫然保此一抔禮經
雖略可以類推吉禮三述墓祭

喪有四制粤傳服術斬齊功緦達情昭質上殺下殺旁殺而畢過
則失中必旣其實五服三黨遵行如律或降或加恩義是率立表
分綱以備倉卒凶禮一述喪服

人孰無死喪惟主哀正終適室舉簀遷尸雞斯徒跣肝心爲摧小
斂大斂帷堂闔開設重銘柩內外皆衰必誠必信禮則然矣愼毋
遺悔飲恨泉臺凶禮二述初終至旣殯

葬者藏也古衣以薪稱家有無寧儉於親渴葬緩葬必訊其因日
月有時畚鍤具陳骨肉歸土魂魄安窀不作無益刪節虛文喪貴
自盡反樸還淳凶禮三述葬

反哭於次張帟於庭再虞三虞哀慕靡寧練冠卒哭昉自禮經而

祥而禫閱更歲賓利成祝告黍稷惟馨由凶之吉妥我先靈從月
而樂彈乃成聲凶禮四述喪祭
奔喪之禮戴星而行扶櫬之禮見日而行一遲一疾逸死勞生哭
踊無數遠近有程設位成服各竭至情曰惟父母亦逮弟兄今則
太簡尚期守正凶禮五述奔喪扶櫬
山崩泉涌成路淪隍體魄不安改葬是當孝子於此涕泗徬徨服
緬從下治如初喪必誠必敬有略有詳勿信誕妄穿塚鑿藏有一
於此未或不亡凶禮六述改葬
凡民有喪匍匐往弔知死知生中心是悼賵賻襚含惟其所效匪
云飾情寧獨借貌救災恤鄰古今同㘈矧乎執紼任分壯少胡不
譸傷臨喪反笑凶禮七述弔賻會葬
牉合伊始萬化之原納徵奠雁其儀實繁親迎授綏交盥合樽說

纓出燭袵奧初昏質明贊見新婦執笲既饋而饗著代降尊勿褻視之大義所存嘉禮一述昏

視膳省安朝夕左右伏臘歲時拜跪前後厥父母慶洗腆用酒少長咸集叔季無狃相遇於道正立拱手饌惟先生燕及朋友禮尚往來不瑕有咎嘉禮二述家庭燕會相見及對賓客

百世可知譜牒修明昌平近接瓜瓞雲礽禮嚴繫姓開局莅盟毋挾嫌怨毋肆忿爭本深末茂流潔源清周甲復始浹月告成慎之慎之祖考在庭嘉禮三述修家譜

地下天高羣物散列貴賤親疏有叙有秩樂至則愉哀至則啜苟昧厥性秀頑奚別禮本先民揆情定律上規朝宁下及家室拜跪降升冠裳黼黻薦俎奉觴授楹引紼千百其儀曾莫我越迨世敎衰典常放失官守虛器士恣横說不明不行已非一日昔我夫子

窮年矻矻問禮問官咸正罔缺傳諸其徒立後世梟鏡墜珠沉淪
顛劉蹶容臺太常若存若滅或抱空文或習緜蕝儀禮所存十僅
得一大小戴氏掇拾枝節終俾後儒議其疎闊開元政和因時抄
撮雅俗雜陳變革多詩有宋紫陽禔躬飭實囊括百氏披文相質
家禮一書爲士表率循而行之本以不撥何如俗學縱情加鍥禮
意消亡儀文嬻媟不折其中用益乖裂
聖朝鼎興獨與古契懸諸令甲小大必察民生是賴五禮允洽偏鄉
下士失或罔覺泥古拘今莫可致詰汾何人斯才迂智拙幸承先
緒不敢縱逸研經考時妄思載筆觸類引伸取法前哲事斷可行
無替紹述述自序

孔氏家儀卷十四終

家儀答問

家儀答問

闕里孔繼汾著

目錄

乾隆丙戌季夏男廣林廣森敬録

家儀答問卷一

有客問於余曰讀子家儀十三篇則古稱先經曲纖備用心可謂勤矣而未能遺俗豈從俗斯爲禮邪抑濡染而不自知邪竊怪太牢之饗雜以藜羹冕紱之華表以短褐也余曰嗟乎子何不諒我之深亦我之不敢求諒於子者也大凡立言之道其大者主於垂世而訓俗其次者期於華國而文身卽其細者亦必蔚然可觀渢然可聽使傳播者一時有紙貴之盛以子觀余曾有一意於斯乎否乎余是書之作不知者必且以爲爲禮也似是而實非也若以爲爲禮則秦火之後載籍雖燔先聖之遺經固未嘗殄滅學者可考而知也況有歷代之君臣從而修明之歷代之賢儒起而討論之其如日星之昭著於天壤閒者已非一日又我

國家

聖聖相承垂令典立憲章煌煌如也尚奚待汾之贅述乎哉顧俗無遠識狃於蹈常而習故於是各是其所是有千里不同風百里不同俗者矣幸我魯承禮教之遺而我宗又沐詩書之澤喪祭諸大禮古意尚多有可述者故緣江省居之閒而筆爲是書雖注中多所論說亦第尊其所聞非敢遂自謂窺禮意萬分之一至俗事參見錯出則皆據實而書不敢飾虛辭以欺世耳私心豈盡安焉若執所未安輒槪爲之損益無論一得之愚不足以是正於海內之君子卽一鄉一邑之閒恐已有起而罪我者矣汾何人斯敢若是其妄乎且夫短垣不踰固藩閾也舊襦可補勝無衣也循故轍以爲常猶不失爲挈瓶之智獨是同一俗也有先進焉有後進焉先進多質質之弊不免於拙後進益文文之弊易趨於浮彼此相權亦互有失得苟舍失而從得禮意原不甚相遠也若於先進之得

者斷然曰非今所用矣非近所行矣而於其所失萬不可從者乃斤斤曰自古則然在昔則然是盡棄其得而兩收其失不但非用禮之意并失從俗之意矣汾嘗於家儀正集之外取意所未竟事所欲商及平時與友朋相往復者別爲答問若干條不著於錄者不敢以示人特以示子孫俾知所向亦恐子孫之笑我昧於禮而牽於俗也客曰竊不敏願聞其詳余曰唯唯具述如左

問報本堂肇於五十四代公（公諱思晦字明道元仁宗延祐三年封衍聖公）而不肇於孔子何也

曰公五廟一祖四親據禮伯魚子思皆在應祧之列然思報其德爰祔兩代之主於舊建始祖家廟而四十三代公亦並祔焉（公諱仁玉字溫如後唐明宗長興元年襲文宣公梁季孔氏遭凶末之禍子孫幾絕至公復興稱孔氏中興祖）宗子五廟則別奉始受封之祖合以四親春秋享嘗或是故也至孔氏嫡系始封關內侯者十三代烈公是也（公諱霸字次儒漢宣帝時授太子夏侯尚書元帝即位拜太師封侯號褒成君）始封列侯者十六代公是也

公諱均字長平漢平帝元始元年封褒成侯始封公者三十一代公是也公諱長孫初襲崇聖侯北齊文宣帝天保元年改封恭聖侯後周宣帝大象二年晉鄒國公始封衍聖公者四十六代公是也公諱宗愿字子莊宋仁宗寶元二年襲文宣公至和二年改封衍聖公四十六代公之後傳襲二世遂有宋靖康之難隨高宗南遷寓於衢留守祖墓者承襲封爵於金元之間運會屯蒙數世以還支庶奪嫡迄元仁宗始推求派系授爵於我五十四代文肅公當是時創痍甫定宗廟之事蓋未暇給迨子孫承家啓廟不復遠溯上世諸先公而肇祀文肅故今遠祖之主栽自文肅公以下惟向者五十五代公在廟公諱克堅字璟夫文肅公子元順帝至元六年襲封而文肅公乃在祧則未能明其故耳乾隆三十一年夏六月今宗子改祧五十五代公而祖文肅焉

問祭法王立七廟乃有二祧諸侯五廟不聞有祧今大宗旣準禮立五廟矣又於後建祧廟禮與曰聘禮云不腆先君之祧是諸侯稱祧也左傳鄭子羽對楚人云其敢愛豐氏之祧是大夫稱祧也

蓋遷主所藏之廟曰祧諸侯大夫之遷主皆藏於祖廟之夾室故即以其太祖之廟爲祧王之七廟四親二祧者周制文武二廟百世不毁文以下之穆主皆藏於文之夾室武以下之昭主皆藏於武之夾室王季以上昭穆之主乃藏於太祖后稷之左右夾室是王之二祧亦以藏遷主而得名非諸侯以下遂無藏祧主之室也今祠堂用同堂異室之制又無夾室自不容不別爲室以藏當遷之主矣既爲藏遷主之室則以祧名之不亦宜乎

問神主尺寸古有定式今祠堂神主高低廣狹不能一律何故曰古人造主取法於時月日辰趺方四寸象四時也高尺有二寸象十二月也身博三十分象月之日也厚十有二分象日之辰也先儒説尺强弱不同造主必依附周尺今人罕見周尺者擬度爲之彼此不無强弱之異始而造新主者失考舊主尺度既已高低不

齊廣狹殊制雖欲考按成式亦莫適從矣愚以爲居今之世而必遠遵周尺似覺無謂尺度隨時短長若盡改舊主從今尺尤勢所不可蓋高廣立度自是古人尚象之意得其意不問是用何尺皆合高低廣狹之宜此亦如磬氏爲磬博一股二鼓三之義云爾

問題主舊式雖有父祖在通從其子之稱今子著爲妻若子立主之例何獨不然曰其子不得爲祭主也又問禮七十曰老而傳八十齊喪之事不及若立主而當父祖老耄之年則何如曰傳者謂令子任家事也祭祀之事猶自親爲惟視濯溉則可假子孫耳至於八十雖不親祭亦父耄而子攝也其妻若子之主尚在附食之列爲子孫者曷敢直承爲己事

問祭用春秋分者何曰古禮自天子達士皆有時祭而未詳其月唐開元禮天子太廟祭四孟及臘諸臣避之祭仲而不臘筮日用

亥祭寢者春秋以分冬夏以至又以元正歲之始節爲最重祭不欲數乃廢春分通爲四祠歷代因之至明時猶擇四仲吉日亦得卽用二分二至總之祭期不同皆得備四時之祭也今我大宗家廟裁祭二分則已略矣然歲暮有祫祭是所少者惟夏之祭耳若增舉夏祭卽四時備矣又古諸侯之禮礿犆禘一犆一祫嘗祫烝祫犆者各祭於其廟而祫則合祭四親於太祖之廟非謂兼祭已毀之主也今五廟同堂四時皆祫無復所謂犆矣而於冬祫徧祀羣祧亦與古異

問王制大夫祭器不假祭器未成不造燕器今祭器當造何等名物若必倣古籩豆尊罍不假於人亦未易也曰籩豆尊罍固是古式然今世未有品制安見鍾注椀碟之類不可以禴祭乎夫鍾注椀碟之類士大夫何家蔑有但不可與家常通用必須特置別貯

祭時漑濯而用之且置亦甚易今人自奉之具必備必精獨於祭先則未有專器更或以日用尋常之具苟且充數恐非所以潔蒸嘗昭孝敬也

問天子諸侯始有祼禮大夫士則自饋食以下不祼今祭迎神前有灌地之禮不疑於僭乎曰此非所謂祼也按士虞禮及特牲饋食禮並饋食已祝酌奠觶于鉶南少牢饋食禮亦云祝酌奠虞禮佐食祭祝取奠觶祭亦如之特牲少牢則文皆不具以他推之祭觶當亦同要皆在尸未入之前也今迎神時酹酒蓋卽古禮祭觶之遺意而非祼也明矣

問古人縮酌用茅謂泲酒使淸也今茅沙池似誤曰周官司巫職祭祀則共蒩館鄉師職共茅蒩鄭康成注並引士虞禮苴刌茅長五寸束之實於篚云云鄭鍔云茅以縮酒亦以藉祭甸師共以縮

酒鄉師共以藉祭司巫共館則所以承蒩而王應電亦云蒩以藉
祭酒據此則今之茅沙其來有自而承茅沙之池即士虞禮之所
謂筐周官之所謂館也
問主人升東階降西階何自始也曰古人兩階尸專西階主人專
東階今三階中階爲神路由是主人升自東階降自西階矣余嘗
陪祭太學見承祭官不降西階猶有古之遺也考之古升東階降
西階者惟喪奠則然
問祭時祔位分獻者俟主人獻畢復位乃洗爵升堂爲時過緩與
祭者久立於庭不將怠乎曰案祠堂儀注主人獻畢然後就讀祝
位讀祝訖分獻者須隨拜於庭故其升也必俟主人之降古人行
禮委曲周詳至有逮闇而祭日不足繼之以燭者今人簡易多矣
三獻之禮不移晷而可畢何怠之云曰釋奠儀注讀祝後主祭者

乃徧獻四配其十哲從祀分獻並與獻亞聖同時家廟之禮似亦可準此曰五廟時享與釋奠不同釋奠主祀先師四子皆配食也故可獻於讀祝之後今四親並爲正祭故必應獻於讀祝之前即嫌儀節稍紆可於主人獻畢未出戶分獻者即詣洗位則主人復位時分獻者已升堂矣亦不失室事交戶堂事交階之義

問今宗子陳夫人以辛巳五月納主於廟至癸未秋祭乃祔食祖姑何也曰喪未三年也曰未三年子自不可祭夫亦不可祭乎曰據春秋傳叔向曰王一歲而有三年之喪二謂后太子也是妻服雖期而喪則三年矣踰期則時祭自宜舉於妻有三年之憂則主雖祔而未可配食也況祔食者子分獻子在三年中而可執分獻之事乎

問禮二妻不並祔曰程子嘗論凡配止以正妻一人加諸侯用元

妃是也或奉祀是再娶所生者卽以所生母配竊謂禮不兩配者無二嫡也若配以父元妻而已是後妻所生固疑置因母於非嫡矣若配以因母獨可私因母而置前母於非嫡乎朱子有云程先生此說恐誤唐會要中有論凡是嫡母無先後皆當並祔合祭與古諸侯之禮不同又云惟葬則今人夫婦未必皆合葬繼室別營兆域宜亦可矣

問喪中入祠堂有變服有不變服何故曰喪中入廟本不須變服昔子魚曰臣之家哭子氏之別姓則於弗父之廟哭孔氏則於夫子之廟竊謂古之爲位而哭者旣有服卽服其服而哭之必不似今人臨奠見柩始襲衰麻也又今葬時朝祖原未嘗不皆凶服獨尋常入祠則相沿而易用吉服夫遠祖之祠與死者無服猶之可也若尚有服則此哀戚之情神爽實式鑒之矣卽如余繼祖母黃

太夫人之喪使諸父而在方且有三年之憂今人其祠焉得用老祠堂之例概行易服乎又問入祠既不須變服然則此俗何自而起曰古人遭喪廢祭今人有所不可行說本程朱詳載吉禮一注中未必不疑古之遷柩於祖及為位而哭皆緣死者入廟而非有事於神今雖不舉時祭而朔望猶拜祠則已有事於神矣有事於神遂謂事神尚敬而不敢凶服矣

問古不墓祭曰古人制祭奠之禮享魂不享魄初終不忍遽以神事親故奠並於尸右而不設席既殯奠於室中即有席矣是時雖未立主已於室奧神之而不就肂葬後寧有舍廟祭墓之理今自初終至葬凡奠未有不於柩前者且祝必稱柩而告焉雖有魂帛奉之不專於是墓所之祭有不能終已者矣

問祭墓者非一矣子撰次家儀何以自樹碑掃墓外惟載省墓一

條又缺其當貫何服曰省墓自當祭墓其他皆祭於墓非也凡爲祖父贈官子孫釋褐遷除而祭者皆告祭之屬已於祠堂告祭條內該之至省墓者往往皆具禮服適生哀之地而被綵服亦非也然則何不云當貫素服曰世俗之見方欲以章服之赫奕爲其親榮豈易以片言而變積習故不敢誣云素服從實也不肯許以禮服示不可也

家儀答問卷一終

家儀答問卷二

問古者五服之差以布之升數爲別在今時各當是何等樣之布曰古今之布不同不可以今而方古也古者布以八十縷爲升升數雖有多寡其布幅並廣二尺二寸（得今尺一尺四寸有奇）升數少則縷粗而布疏升數多則縷細而布密喪服用十二升以下衰布六升以下勿鍛七升以上皆水濯鍛治之冠布六升者雖鍛勿灰治七升以上則加灰焉惟緦之布取十五升之縷而抽其半用六百縷縷極細而布實疏也今世布以四十縷爲帖織布者用縷之粗細多寡未嘗不以帖爲算無如幅之廣狹無復定則於是幅之狹者縷少而亦密幅之廣者縷多而亦疏而且地產不同稱名各別故律載服圖只泛言之曰至粗布曰稍粗布曰粗熟布曰稍粗熟布曰稍細熟布不復能以升數爲別并不能有降服正服義服之等矣製

服者各就本地現有之布準此疏密生熟之等參以古人區別降服正服義服之意自然重輕合禮不能拘拘於升數間也惟俗斬衰所用之冷布殊有未協冷布者言其縷間之疏若冷然也布雖疏而縷實細頗似古人所謂抽半之布以制緦衰庶幾近之今欲以此爲斬衰極重之服甚不可解愚竊以爲斬衰宜倣江浙人用粗麻米袋或擇麻布中至粗無比者制之爲得又功者治也粗治之謂之大功精治之謂之小功故今服制自大功以下布皆用熟乃俗不深考但別其布之粗細而不熟治之尚得謂之功乎又喪服無澣濯之法今俗雖不濯衰裳而袍輒澣濯矣今衰裳之下以單布袍爲中衣又或不製衰裳惟布袍加麻而已此無論重服之生布將變而爲熟恐輕服之本應用熟布者亦非所宜

問黃太夫人之喪衰麻有異於舊洵乎有志於古矣夫曰講求禮

制須在平時未易得於匆遽之際余繼祖母之喪今宗子承重上緣我母太夫人意欲考禮制服余與姪廣柞當初喪匆遽之時參酌古今草具其式然當時惟冠圜不綴布杖之長必齊心五服之衣皆施衰凡裳皆七幅輕服之衰裳皆緝婦人之裳連屬於衣數者爲少變乎舊其他未能有所異也曰其說云何曰喪冠舊以布障蔽耳目其說以爲屏視聽實以掩夫哀容之不至者耳夫喪冠不可綏矣安用此綴旒爲又斬衰之冠舊以棉爲充耳夫充耳者吉冠之飾也而塡用白纊乃古人之所以襲死者者也故今並去之不用若杖必齊心者齊心而後能輔病也舊或短長無定失其裁矣五服皆衰非斬必緝者蓋衰所以表哀也不但五服有之外而總衰錫衰疑衰亦必其著衰也而後可名之曰衰故敖繼公以爲齊以下有衰無負也若夫齊者緝也喪服記曰凡齊裳內衰外

所以別於斬也向者齊以下無衰亦不緝皆非也裳用七幅者古人之制度必有取象焉前三後四陰陽之義也且必合七幅之廣得丈有四尺得今尺八尺九寸有奇然後幅三辟積之乃可圍腰幅三辟積者卽喪服記所謂幅三袧也舊裁用布四小幅再加以辟積不數圍腰勢必不能不遠絕其幅使各不相屬尚類裳乎故今一遵古法前後共布七幅幅三袧相屬而不合縫以別於吉裳又倣古喪冠辟積之制大功以上袧向右小功以下袧向左以別服之重輕焉至男子殊裳婦人綴裳亦古制也以上數端所損益者無幾驟然視之已覺大異究於古制所不合者尚多多矣曰請更言其未合於古者曰卽如斬衰之領古者衣身自領至腰用布八尺八寸今尺五尺六寸有奇中斷而摺之前後左右各得二尺二寸今尺一尺四寸有奇從當領處前後各取方裁入四寸今尺二寸五分有奇反摺向外加兩肩上謂之辟領卽喪

服記所云適博四寸者也領之前後左右各辟四寸其闊中方八寸矣（今尺五寸有奇）別用布廣八寸長一尺六寸（今尺一尺有奇）縱摺而中分之其一半之左右各裁去四寸不用留其中間八寸以塞項後辟領之缺而以其一半全長一尺六寸者從項後分左右向前垂下與領下領辟處相接而負則綴於後闊中後辟領之下焉後闊中辟領其廣一尺六寸而喪服記云負廣出於適寸是負之廣當尺有八寸也（今尺一尺一寸五分有奇）至其長賈公彥云以一方布則長度如廣而綴公以爲比於衰則長六寸也（今尺三寸八分有奇）今領不辟適而衰負亦均無尺度其領以一條布護項上垂前及衣帶處衰則約裁布一小方如掌大綴左胸前而負版則用布廣幅長約一幅有半垂其大半於後而以其少半前覆於肩當項處裁之與領連綴殆合適負而爲一矣又如古者冠二寸（今尺一寸二分有奇）皆三辟積太功以上哀重則從陰

向右小功緦麻衰輕則從陽向左今冠梁亦二寸無辟積但綴細
麻辮三條於其上以當辟積之數自前覆後屬之於武梁下卻別
著巾是冠下復有冠矣俗以巾後之縫別服之重輕斬衰巾用正
幅向後直縫齊衰巾用邪幅向後疊角曲縫斬直而齊曲似乎有
義乃大功以下則又直縫不可解也又古者吉冠加武上向內屈
縫之凶冠在武下向外反屈縫之有厭伏之象故凶冠又謂之厭
冠今武圍冠外似若依古乃冠又不向外屈縫亦失厭冠之本義
矣又如古五服皆有首絰今則惟斬衰加麻繩圍武外齊衰以下
於武之上下緝細麻辮邊非首絰矣又如禮斬衰冠繩纓餘皆布
纓今則皆繩纓矣又如古者小斂即有腰絰大功以上散垂成服
而絞之小功緦麻初即絞之年五十及婦人雖服重初亦不散垂
今並於成服加絞絰也又禮首絰大於腰絰今則腰絰大於首絰

矣禮齊衰之首絰視斬衰之腰絰大功之首絰視齊衰之腰絰今則斬衰之首絰曾不及大功之腰絰矣又古者受服服葛絰無葛之鄉則用潁今初即用潁是以重衰而用輕絰也又古有腰絰又有絞帶絞帶所以束衣猶之吉服有大帶又有革帶也斬衰之帶以繩餘皆以布布之升數各如其冠今斬亦布帶齊以下直有絰無帶即有之亦不與絰並著焉又如禮斬衰菅屨疏衰疏屨不杖麻屨齊衰三月及大功繩屨小功緦麻吉屨無絇今通著白布履期以上布粗其縫緝而不鎖齊五月三月及大功以下用線鎖其縫而布漸細雖云區別然斬衰之履失之於輕功緦之履失之於重矣如此等類不一而足其已見於喪服篇注中者尚不具論也是尚爲能復古乎其異於舊者曾幾何乎曰然則何以弗盡返乎古也曰古制之不見於時也久矣其沿而失也有漸則變而返之

也亦有漸今小變焉見者已以為異矣可驟然而全易乎且平時
既不詳討而欲當遭喪匆遽之中制度悉中乎禮亦事之大難者
苟有志焉隨事詳考而審行之古亦不難於終復也又問居今之
世喪衣冠獨從古式可乎曰我
朝定鼎改衣冠制度僧道婦人喪服三者未改京都士庶居
輦轂之下喪中猶襲衰裳也
問受服之廢曰受服自唐開元禮已不見惟書儀家禮載既練去
負版辟領而已夫喪服所以表哀也哀之去也不能驟然而忘則
服之除也亦必以漸而減此受服之所由制也試問哀之至者有
收淚掩涕而即嬉笑如平常者乎豈可旦襲衰麻而暮衣紈縠又
哀之至者有歲更時易而猶創痛如初終者乎何必終守麻絰而
不變功衰自受服廢於是有當變除而不易其衰不當變除而輕

脫其衰者矣

問三年之喪不計閏若禫月之內值閏則何如曰今三年之喪二十七月而畢而會典丁憂之制云不計閏二十七月是禫之三月亦不計閏也

問不葬不除服之禮尚可復乎曰恐難復矣今人不似古人之質自名登仕籍所以防制規避之法功令無弗周至然猶有有所利而趨有所畏而避者若此例一開則競進者葬爭如期苟退者葬必故緩豈勝劾論乎又問然則子何以有望於禮官曰此正吾之不敢望於禮官者也雖然上不可以開僥倖之路下亦不可忘禮義之閑苟入仕者毋苟進毋倖退

聖王豈不樂以孝治天下近古有以伯叔兄弟師友之喪丁憂解官者矣況其父母乎夫必舉世葬悉如期偶有不得已而緩者

朝廷自諒其志又必無所抑制者皆葬乃免喪
朝廷始不爲搢紳士大夫吝此恤孝之典也不然而欲復是禮也豈不難與

問子爲人後而降服雖由義起然遽同於兄弟之子於情似有所歉曰服雖云五至制服之差原不止於五同一期也又有降服正服義服三等義服視正服爲殺降服視正服爲隆正服之布五升降服實四升是爲人後者原未嘗令其遽與兄弟之子同也而所後者又不必定是父之親昆弟雖後父之從祖昆弟族昆弟爲其父母降期自若也況制有定而情無窮孝子之所以自致其哀者豈有量耶

問妾死而其孫已孤孫之長者代父服斬三年部有令矣若有人焉仍據禮行服則何如曰不可代父持服之說雖未有前聞但旣

經部議是即今之制也不可倍也近余族祖季重名與孳曾任祖廟九品官有生祖母之喪亦以此爲疑而商於余余應之曰此有勤戚之例在勤戚傳贊字例見凶禮一無可疑也若疑據古禮爲是恐勤戚之遵部議未必非也彼遵部議者不得爲非恐用古禮又未必是也凡喪疑從重况嘗執事於廟庭矣設令日猶在職能勿守制乎若在職則服三年去職則否是親喪大故以官爲隆殺矣恐未可也曰否某非悍於持重服也顧某與勤戚所處又有異勤戚之父庶子也某嗣父則庶子爲後者也按朱子家禮爲父所生庶母期若爲祖後則無服夫以應無服之人忽進而行三年之服輕重頓殊非詳考而審行之恐失尊祖之禮自蹈罪戾是以不能無疑而相質也余曰此亦無可疑者也凡未有定制者乃可以朱子家禮參之非家禮所載盡可通於今也如家禮載庶子爲所生母三年爲父後者緦今日尊

人若在將服緦乎抑服斬乎服緦也雖從而無服可也若服斬也則尊人厭世固不能不爲之代服也守制而已夫奚疑季重正容而謝曰幸矣如子言某信免乎罪矣於是卒行三年之服

問子謂婦人受重之服從夫不從子凡曾孫承重者其母仍從本服揆之律文固有然矣然其姑本應服三年者也而已沒忍不爲之代乎曰受重者謂承祭統也承祭統之重者不可不以重服服之非代服之謂也自世人誤認以爲代服於是受重之義不明於天下若云代服則孫婦應代其姑矣曾孫婦又誰是代而亦服三年邪曾孫承重孫婦不可以不代其姑矣若舅在姑沒者夫尚未受重將亦代姑而服三年邪又何以竟忍於不爲之代邪夫禮喪無二主若亡者有妻在雖無嫡婦亦不應有嫡孫婦其失自晉賀循之說曰夫爲祖曾祖高祖後者妻從服如舅姑後世遂著於律

然律亦未嘗竟言代服也原之於古如彼徵之於律如此子何得昧從服之義而强被以代服之名乎且禮有妻從夫而服者矣幾見有母從子而服者乎故吾尋繹律文而爲之說曰明言從夫不言從子

問祖免之親盡於五世下緦麻一等若夫爲三從兄弟之妻爲四從姊妹之適人者及爲人後者爲本支之四從兄弟皆下緦麻二等原其親本未絕屬也遂不免乎曰禮有一免無再免往哭者弔服可也曰今之弔服原無殊於祖免曰古禮免以布今制亦云服素以尺布纏頭當免者不之考輒自同於弔服非弔服無殊於祖免也又問免既以布何以今三年之喪免以紙曰此俗不知所自據免用紙似無礙惟其免之節則與禮不合禮父母初終子笄纚徒跣扱上衽既小斂主人髺髮袒衆主人免於房婦人髽於室此

初終至小斂變服之節也楊氏復云世俗以襲爲小斂遂失此變服之節是當時竟不髻與免矣今髻髮一節不失而施之於初終當笄纚時卽加免焉蓋古人之由吉而凶與由凶而吉其變皆有漸今人不察此義率直截無次第耳

問繼父之服之輕重何以必決於大功親之有無曰必子幼無依者乃可隨母適人子若有大功之親不得云無依也所適者以貨財爲築宮廟使祀其親而後爲有恩彼若有大功之親恐無專財之道矣然已隨母適之又有恩焉不容無服則雖同居亦如異居曰何以云今不同居曰兩有大功親謂本有大功以上親者也今不同居者謂雖本無大功親今則彼已自有子者也彼今有子是已有大功以上親也

問凡服中用東刺者通書其服齊五月三月之服世或竟稱曰功

曰緦不聞有稱五月三月者何也曰此弗思之失也夫必服功也而後可謂之功必服緦也而後可謂之緦豈可以其日月之相等而妄稱以功緦邪五月三月之服準期宜直云五月三月不然則稱齊亦可曰若云齊不惟五月三月無所别將何以别於期邪曰齊誠無别於期與五月三月彼統曰功者何以别於大功小功邪今以齊别功緦不猶勝於目齊五月齊三月爲功緦者邪

問禮拜賓者惟喪主今訃柬謝柬孫曾及袒免以上之親皆具名似錯曰據禮自不合但今世自三年而外相爲服者忽矣其不能蔑者惟柬刺存此亦可顧名思義曰今之忽於喪服者亦由喪家力不給也曰古者有喪凡同異姓有服者各服其服而往未聞有取給於喪家者自流俗諱凶非喪家不制衰麻於是羣忘制服之誼轉或責喪家應付不周爲不能率禮詩云何有何亡黽勉求之

凡民有喪匍匐救之鄰里之誼且然況親者乎親者有喪不能匍匐相救則已歉矣尚忍費其力以供己之服乎

家儀答問卷二終

家儀答問卷三

問喪葬之制會典所載略矣如事有在所不可已而制又無可遵宜何所適從曰此等處準古可也又問古來之制豐約不同宜準何代曰附於棺槨則從其豐者不附於棺槨則從其約者

問記曰以死者爲不可別故以其旗識之則婦人之旌似當書云某氏某之室某氏嘗見今人多但書孔室某氏何也曰此流俗之失也蓋由俗情多忌諱嫌生者名字埋地下伴死人故題夫在者之旌每異於夫已亡者然門牌則又書其夫之名門牌設於門庭俗又謂之重也舊於父母之喪書其旁曰孤子或哀子某泣血謹白妻之喪則曰杖期或不杖期某抆淚率哀子某泣血謹白今多不書此一行愚謂名之曰重則有主道矣如此書法頗不類故叙次家儀從不書者是獨不應忌諱乎何弗思之甚也

問銘柩之旌漢隋禮志皆謂之旐今或已題旌復建旐爲旐長丈餘用紅錦廣幅末析而爲三千首垂旄植羽俗又謂之羽旛於義何居曰旌旐一物也自其銘柩言之曰銘旌

神而明之曰明旌其實乃旐之屬也故又曰旐余在京師見漢喪用銘旌滿喪則用丹旐而無題識今旌旐兼而設之則復矣或曰旌旐究是兩物曰周禮司常職王建大常諸侯建旂孤卿建旜大夫士建物故士喪禮云爲銘各以其物士之物三尺大夫之物當五尺矣推而上之諸侯爲銘必以旂長七尺天子爲銘必以常長九尺矣漢世通謂之旐若遂疑爲龜蛇之旐則旌亦析羽之旌乎或又曰司常注析羽五采繫之旌上所謂注旄於干首也凡九旗之帛皆用絳又夏采掌大喪以乘車建綏復於道注云王建大常今以之復去其旒異之於生安見爲銘非亦因異於生而去其析羽乎曰析羽之旌亦有羽無帛賈疏謂鄭云九旗之帛者據衆有而言是也且析羽乃爲旌若去其羽尚得謂之旌乎況士喪禮明言爲銘以物不言以旌更無論已或又曰司常大喪共銘旌建廞

車旌及葬亦如之然則今之旌銘旌也旐廞車之旌也並用亦是曰廞車遣車也今之旐果建於遣車否邪況今會典有銘旌之制旐則無制是以知滿洲所用卽旌而不書者也不得效之又別建旐也或又問禮杠三尺之數似當從仞先儒以尺易仞之說恐誤曰仞之說出於禮緯士竹杠三尺之制固禮經也先儒援緯解經已生枝節柰何丼信緯而疑經乎

問父亡稱孤子母亡稱哀子父母並亡稱孤哀子此俗久矣然父亡而繼母在前妻之子稱孤哀子則可矣以統後妻之子得毋有未協否曰此不但後妻之子雖前妻之子亦未協也稱孤稱哀雖非古訓但今人既因事生義有此二稱卽當顧名思義夫無母何恃繼母如母是失恃而有恃也惡得忽之若無此母者曰獨不自哀其母邪曰孤子哀子之稱不過別其爲父喪母喪耳繼母見在

不合無以別之若夫幼而喪母乃終天之痛也豈因一字之間稱哀而哀不稱哀而不哀乎況古來有孤子哀子未見有孤哀子乎曰世亦有奉繼母命稱哀者宜若可矣曰凡世之謂奉繼母命而稱者皆其欲稱而始被命者也苟事繼母如母則雖繼母自命之且當執以爲不可何必旣稱矣又白於人曰非己意乎然此猶知其不可恐人議之較之悍然不顧者已遠勝矣又問生母之喪有嫡母在避哀子稱斬哀子似無義理曰舍此亦無他妥稱

問古禮喪奠不拜曰朱子謂未忍以神事親也雖然今喪中以神事其親者非一端矣豈特一拜乎在禮匪獨不拜主人亦不親奠愚謂不拜不親奠者哀不能爲容也

問祭奠或用幣何以制之曰特牲少牢諸禮均未聞有幣且焚幣所以禮天神用於祭奠失其義矣

問饋奠儀節孫承重當與子同若夫主妻之喪應有異否曰舊俗夫主妻喪惟見其義於訃柬祝文至奠獻之事則子司之夫偕衆子弟拜於陪位而已夫喪古無親奠之禮祭則主人必親故妻之喪夫主之惟婦之喪虞卒哭子得主之及祔則仍主人自主之蓋家有常尊喪祭之事未可輕移之子也今旣親奠夫卽當主之乃夫不自主復退列於陪位不更乖謬乎曰子意云何曰愚謂據禮自奠至虞卒哭夫皆當親主獻若不親獻則先獨拜已命子代獻而自哭俟於東序有祝文致夫之辭其子庶不至儼然爲主人也或謂衆子弟皆在位而已不與不嫌於自尊乎愚謂衆子弟各有應拜之分不得視之如賓客又不得遜其子居主位而自處如衆子弟使其子竟若無父者假如有異姓之賓在夫就東階西面答賓拜則無不可也

問孝子稱稽顙乃於拜賓率鞠躬頓首四拜何也曰禮以稽顙爲凶拜世俗之見往往謂賓以四拜之禮奠我親不可不以四拜之禮答之於是遂失稽顙之禮然具柬則無不稱稽顙者禮云禮云簡牘云乎哉

問期之喪夫爲妻稽顙孫爲祖不稽顙何也曰不爲主也故禮爲妻父母在不杖不稽顙又問今訃柬孫或稱稽首何也曰今人嫌稽顙爲已重頓首爲少輕於是變其文而稱稽首在禮九拜之中稽首爲重乃臣下拜君之禮惟祭禮主人拜尸猶稽首豈可施之於賓客不如與旁親同稱頓首也

問貴官長及當事弔爲拜位加紅氊不已諂乎曰按禮主人拜賓大夫特拜士旅拜又當袒大夫至雖當踊絶踊而拜之反改成踊乃襲於士既事成踊襲而后拜之不改成踊凡此皆貴貴之道古

人不嫌異禮今之拜位加紅氊亦貴貴之道不得謂之諂也曰據禮當事弔亦當服弔服今皆否加氊本非古禮何獨守焉曰他人雖失禮爲主人者不可不盡主人之道然則弔禮篇中何以不著其失曰余所集者家儀不爲世人作通論也

問喪次宴會誠非禮矣奈客不饜飫人將我責何曰飲食具毋過侈人亦不能責也朱子語類問喪禮不飲酒不食肉若朝夕奠及親友來奠之饌則如之何曰與無服之親可也又曰喪祭之時只當以素食待客祭饌葷食只可分與僕役以二說參看可見戚友原不妨飲酒食肉但既在喪側則亦未可恣意於飲食耳以禮處人人將何詞責我如執喪者他皆不能盡禮而徒欲以飲食取譽於人則吾不能知矣

問誄人之母稱曰某母於人之生母當何稱曰朱子云隨其子平

日所稱而稱之又云五峰稱妾母爲少母南軒亦然云云據此則冠以其子之姓氏曰某少母殆即所謂隨其子之稱而稱之也

問私謚古之人亦嘗用之矣予斷然以爲不可何也曰古來私謚之傳於今者其人果何等邪今之私謚不惟不能聞於世閒不數年之後鄉人已不復能記憶又數十年其子孫亦且忘之矣即其子孫不敢忘亦不能稱於鄉黨朋友何者能識者少也即如吾鄉贈私謚者多矣曾有搢紳先生稱於邑曰某謚某公某謚某先生者乎曾有子若孫稱於家曰某謚先大夫某謚先府君者乎余是以知其無足取也難者曰

朝廷予謚者能必其盡聞於海內傳之後世邪曰是又不然凡膺

榮謚之典者罔非服在大僚宣勞中外生則績著於朝榮沒則名標乎青史寧有泯泯而無聞者即或不祿早世功猷未竟名實稍浮

然已非不應得謚而謚之者矣若夫私謚則必其人道德文章實足以表海内而訓後世然後門人朋友私相與誄之聞風私淑者乃轉相稱述之苟非其人烏足以當斯又問私謚則誠不可矣若夫送旌一節似尚無大礙處子每諄勸人以無徇俗何也曰旌本以銘柩也當大斂時業已有銘柩者矣復何假於鄉黨之贈爲贈謚送旌之俗所以相沿而難革者不過溺於飲食耳究何曾有意於謚與旌乎彼飲食之子居常遇有矯俗不事此者輒責以爲不孝及其送終也遂亦自迫以必不可已之勢所謂爲法自弊者也其他不悟者遂若真足爲我親榮否則我親未免減色者卽或能悟其非又往往恐人責己之儉於其親於是亦强勉而相踵焉而俗益錮矣甚至有家自書銘擬謚丐人拜奠而酬以酒食者矣而飲食之子益得饜口腹於鄉閭無虚日矣夫親喪固所自盡苟於

此等處悉爲省卻其致盡於送終之具者奚可勝量即送終之具原不因此而有減亦何必越禮單財向不足重輕之人博一時浮譽況費無窮而力有限凡攻於悅人者必不能復厚其親於實地往往工偶物而竁宅則不及致詳飫賓朋而饋奠則不免或略眞所謂作無益害有益矣孝子之心尚堪自問乎哉

問喪不用樂若朋友來致似亦可用矣曰朋友之贈衣衾曰襚乘馬曰賵錢財曰賻惡有以音樂者又惡有朋友而導人子以不孝導人夫以不義者又問若高位合用鼓吹可於發引時作之不曰縱分位合用鼓吹亦當設而不作

問黃太夫人神主即墓次成造與子所輯家禮不同曰余祖母黃太夫人卜葬有日將求木造主我太夫人謂衆子弟曰故事葬乃點主方其未點以前主猶未成也未成之主恐不合載於魂車且

主所以依神發引時奉魂帛以行矣今兼載木主神將焉依我以爲墓所點主亦宜於墓所造主若等可考禮行之僉曰是禮也謹如命

問啓殯及發引之日俗多不舉朝奠而子並叙朝奠如常何也曰吉不再祭喪無參奠禮也古禮啓殯節因葬前一日之朝奠及遷柩祖奠後亦不聞更有日夕之奠也今逢七及百日與夫未葬而練祥皆一日而參奠者多矣奚獨於啓殯而拘是禮乎况朝夕之奠自殯至葬無日可廢也豈可因日中有啓殯之奠遂廢其朝之奠又古人遷柩於祖既載而祖奠今雖有朝祖之禮柩固未載魂帛亦尚在室也魂帛在室則夕而藏以安之詰朝出而載之儀節亦有難缺者矣

問舊於將下窆時尚有壙前之奠曰遣奠古謂之葬奠謂其奠既

即往葬也比下窆時則事專於窆非行奠之時矣曰新主可無以安之乎曰反哭而虞爲安主也此時主雖成尚未迎精而反於室匆匆設奠禮必不備奠而不備禮也毋寧勿奠且窆事爲重點主告文尚不及焚懷之而已而暇奠乎俗之縟禮無足取焉然則食案亦可不用曰此如古人遷祖之有從奠云爾不妨仍之

問壙前作明器池處地一方得毋有礙於墓否曰古者明器藏椁椁之間今不納於椁別於壙外作池又取笣筲之類幷藏池內不啻易腐速敗之物生蟲聚蟻於壙中勝古人多多矣但明器不可大數不可多更不可雜以金銀之飾器大則難容多則踰制雜以金銀是啓盜之媒也爲人子者不可不知

問子謂含椀宜埋而不言其應埋之處竊見古人斂時巾柶皆埋階間椀似可亦埋階間乃子於子婦之喪埋其椀墓所有說乎曰

俗情最多忌諱凡違俗之初未可駭俗亦通變之道也又問與其欲斬不肯欲埋於家又不便何若廢此器初卽實飯於瓶得古八重鬲之意曰此飯乃含餘之飯也古者含時米在廢敦既含乃鬻餘米於鬲今之椀所以代敦之用而瓶如其鬲也子將欲用瓶含乎曰古不聞埋敦也曰此椀埋之已勝舊俗矣何多責焉

問反哭之禮何以或廢也曰虞主還家將易奠爲祭俗忌於宜漸就吉故也雖然反殯宮而哭此孝子所不能自已者也記有之反哭升堂反諸其所作也主婦入於室反諸其所養也反哭之弔也哀之至也反而亡焉失之矣於是爲甚殷既封而弔周反哭而弔孔子曰殷已慤吾從周然則子集家禮何以既窆而弔而反哭弗弔曰俗也失之慤也愈於已

問禮父母之喪偕葬則先輕後重奠虞祔則先重後輕今或不然

葬祭皆同時並舉可乎曰明王廷相之論曰父母之親同也今之法制服斬同也無厭也葬奠虞祔皆反乎古同服而稱情簡易而便事亦猶夫行古之道也

家儀答問卷三終

家儀答問卷四

問冠禮可復行乎曰可曰今童時已無弗冠者矣如何行法曰冠禮者將責子弟以成人之道蓋主於禮不主於冠古者諸侯有冠禮矣繼世而君一國不已嘗服玄冕乎天子亦有冠禮矣繼世而臨天下不已嘗服袞冕乎是以知主於禮不主於冠今人自不講此禮耳究何不可行之有然則三加宜用何服曰始加吉冠常服再加品冠公服三加朝冠朝服其公服朝服並從其父之秩而加一等諸生之子宜何如曰官有公服儒有襴衫其三加亦可加假九品公服布衣之子宜何如曰禮不下於庶人有事則假士禮行之張逸云

問士昏禮無男氏告廟之文孔疏云女家每事告廟則男氏將行六禮必皆告廟不徒卜而已白虎通云娶妻不先告廟到者示不

必安也二說以何爲長曰禮經文多不具如卜必於廟門昏禮節缺此一節安知其卜也非告而後卜抑或卜得吉乃告先儒解之謂卜必於廟門祖考則已聞之若卜而得吉亦神許之不必復布几筵告於廟愚謂此說解冠禮或可說昏禮似未協男子二十而冠本屬定期若夫爲子擇室其爲何氏何族未有定也何可弗致告先人故余集昏禮必以告廟爲先

問今士人親迎輒具品官服式有說乎曰此所謂攝盛也古禮爵弁爲大夫之服而士之子親迎得服之玄端爲士之服而親迎之從者並得服之又大夫執雁乃士之子親迎亦奠雁大夫乘墨車乃士之子親迎亦乘墨車是以歷代昏禮降及庶人並得假公服今會典惟禁多用綵燈樂人及不得僭用執事不聞有濫穿公服之禁可見昏許攝盛振古如茲也

問禮奠雁已即降出婦亦從而降主人不醴壻又不降送何也曰不醴壻者壻來本爲迎女非尊俎酬酢之時不降送者壻與女相爲禮主人不應參其閒也壻初至門時女猶在室主人不容不出迎比女既出主人即可不須送矣今世俗於奠雁之後設酒筵款壻是褻禮也又出迎者不必定是主人至有終禮主人不與壻接見者尤爲不可將以先人之遺體授人自當親涖其事故古人於壻之初至則主人迎之門外其奠雁則主人西面於東階上既而女出西面戒之是主人雖不降送蓋未嘗不立於位也夫如是謂之成禮今人徒詳於飲食末節而忽制禮之原往往增古人所不必增損古人所萬不可損此類是已

問送親禮乎曰禮也左傳凡公女嫁於敵國姊妹則上卿送之以禮於先君公子則下卿送之於大國雖公子亦上卿送之於天子

則諸卿皆行公不自送於小國則大夫送之士昏禮舅饗送者鄭康成曰女家有司也姑饗婦人送者康成曰隸子弟之妻妾綜此則古禮雖昏姻不敵總無以尊送卑之法今送女者或以伯叔諸兄世母叔母又或其母自送之皆非禮也又古禮饗送者於次日婦饋之後故康成以爲凡饗速之今燕送者即於來送之時合巹之後亦與古異

問子據禮云明日夙興婦贄舅姑是日舅姑醴婦是已但俗於三日新婦乃出房又多繁文曲折恐俗未必能行耳曰能行禮者必其不拘牽於俗者也新婦來歸方將責其孝養乃深閉閨房之內不禮舅姑豈所以明婦順況無盥饋饗獻諸儀則較之古初已極脫略不及百分之一矣苟率此行之久之盥饋之禮庶亦可復若駭俗狃安入門之始即深居簡出將終不知禮爲何物職爲何事

而欲其左右奉養婦道無虧也豈不難哉
問送飯之俗曰此本爲佐婦饋也今直成饋婦矣按明集禮盥饋儀其日婦家備盛饌酒食至壻家云云即今時送飯也愚謂盥饋舅姑有著代之義不必定藉其母家之物以示之私也集禮之文本覺多生枝節乃相沿成訛并失佐饋之旨於是三日內盤飧絡繹若新婦于歸遠父母離兄弟恐其不能驟甘夫家之食然者同牢合巹之謂何而必俟母家之饋而加餐也今魯俗有於饋新婦之外別具酒食饋其舅姑者似得集禮之意然女氏徑使人致其舅姑不因新婦而進亦失之矣
問三月而後廟見者何義曰禮婦入三月然後祭行舅姑在者次日盥饋婦道已成故三日即可廟見若舅姑已沒則盥饋不行須執笲棗於廟而三月之內家事未親又未可以行祭必俟可以行

宗之時而後廟見也曰今舅姑沒者亦三日而廟見矣如何曰今主婦宗婦助祭之事皆不類古人或未及三月輒已與祭事獨於廟見必執三月之禮則覺泥矣

問孔氏亦中表爲昏得毋非禮乎曰朱子答堯卿問姑舅之子爲昏云據律中不許然自仁宗之女嫁李瑋家乃是姑舅之子故歐陽氏曰公私皆已通行又如魯初間與宋世爲昏後又與齊世爲昏其間皆有姑舅之子從古已然只怕無不是

問喪服傳曰父必三年然後娶達子之志也若父爲冢嫡則主饋者非可久缺也三年毋乃太緩乎曰此不可以緩言也敖繼公曰喪妻者必三年然後娶禮當然爾非必專爲達子之志也蓋夫之於妻宜有三年之恩爲其不可不降於母是以但服期而已然服雖有限情則可伸故必三年然後娶所以終胖合之義焉若謂惟

主於達子之志則妻之無子而死者夫其可以不俟三年而娶乎春秋傳王一歲而有三年之喪二焉謂后與太子也是妻之義於此可見夫無子之與缺主饋其緩急爲何如敖氏猶以爲不可娶況已有子者乎又問有父母之命則如之何曰有父母之命似可終期而娶然父母雖命之亦當以禮以情訴也曰訴之不可則如之何曰我欲達子之志父母豈必不樂其子達子之志特恐己不肯達子之志父母卻不能不徇其子之志者多耳

問宗子自主昏曰宗子尊也士昏記命使之禮云宗子無父母命之親皆沒已躬命之今男女不相通使故雖母在亦稱母而躬命之又記云弟稱其兄謂其非宗子而無父者也又云支子則稱其宗（大宗其宗子也小宗小宗皆是）謂其父兄皆無者也可知宗子可以主人之昏人不以主宗子之昏

不親迎曰士昏記有不親迎之禮先儒引昏義曰子承父命以
迎親迎者必受父命若無父則子無所承命故其禮不可行固
然愚謂今世通以親迎爲是不親迎爲非必躬御授綏未始非所
以重人倫之始也

家儀答問卷四終